あなたがもっと素敵に輝く また会いたくなる人のマナー

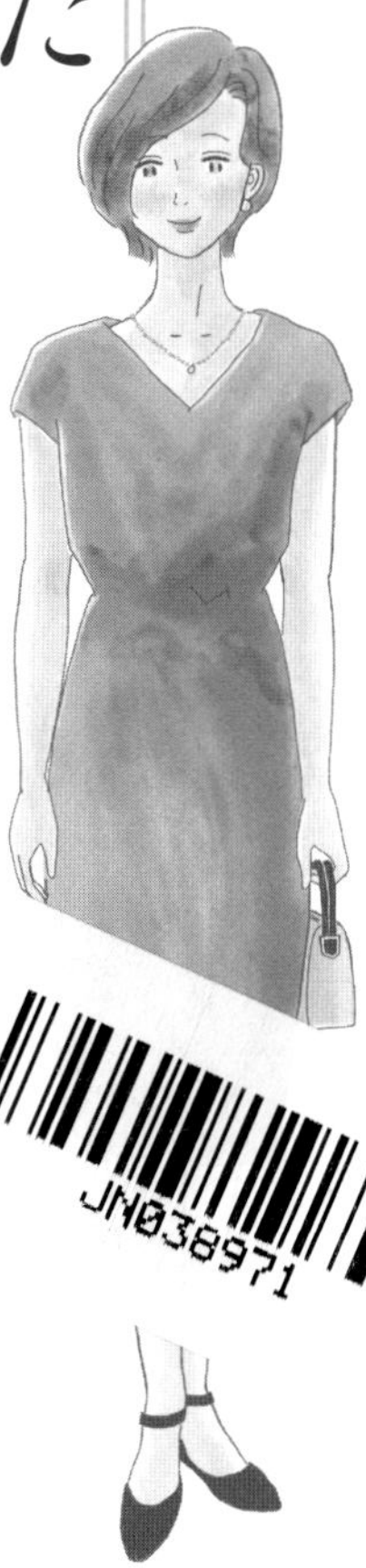

料理研究家
Takako's Kitchen主宰
二階堂多香子

KADOKAWA

はじめに

外交官だった夫に伴って、海外での生活が始まったのが1991年のこと。その後、合計19年間を6カ国で過ごしました。オーストラリア、ブルガリア、イラン、アメリカ、クウェート、スイス。どの国でもたくさんの素敵な方と出会い、日々の生活を楽しめたことは、私の人生の宝物です。

新しい国で生活を始めるたびに、どんな方がいるのだろう？　どんな暮らしをしているのだろう？と、手探りしながら新たな人間関係を築いてきました。適切なふるまい方がわからずに迷ったときは、国際儀礼やマナーの教科書で調べたり、身近な先輩に教えていただいたり……。どの国へ行っても最初はわからないことばかりで、自分のことだけで精一杯。でも不思議なことに、ある時期を過ぎるとフッと肩の力が抜け、周りを見渡すことができるようになるのです。

楽に過ごせるようになるきっかけが、「自分のマナーに自信が持てるようになること」だったように思います。その国のマナーの様子がわかってくると、胸を張ってどんな場所にも出て行くことができるようになります。そして顔を上げて笑顔でいると、人からも笑顔でていねいに接してもらえるのです。

周りから尊重されることは、小さな自信になります。こうした経験を重ねて少しずつ自信を深めていくうちに、教科書に頼らなくても、のびのびと臨機応変なふるまいができるようになっていく……。環境も文化も異なるさまざまな土地での暮らしを通して、こんな経験を繰り返してきました。

あらたまった場で、「これでいいのかしら?」と気後れしたり、皆と少しでも違うと心配になってしまったり。そんな気持ち、私にもよくわかります。だからこそ、生活の場がかわるたびに自信のなさからくるドキドキ感と闘ってきた私の経験をお話しすることが、何かのヒントになれば、と考えるようになりました。

マナーの基本を知っておくことは、自分への自信につながります。自信があなたを笑顔にし、その笑顔が周りからも笑顔を引き出してくれる。そして、よりよい人間関係にもつながっていきます。マナーが生み出すよい循環で、あなたの人生がもっと豊かに輝きますように。

二階堂多香子

第1章 「また会いたい」と思われる女性の素敵なふるまい

column

山盛りのごちそうを残してはだめ!? 必死で食べたアラブの国々の思い出 42

第2章 食事の時間を楽しむためのテーブルマナー

column

第3章　TPOに合わせて自分らしい装いを。ファッションのマナー

column

第4章 人間関係のベースは思いやり。身近な方とのお付き合い

column

第5章 冠婚葬祭やパーティで。特別な場のマナー

第6章 構えなくても大丈夫！ 自分らしいおもてなしを

デザイン 岩永香穂（moai）
イラスト 大沢かずみ
DTP 新野亨
校正 新居智子、根津桂子
編集協力 野口久美子
編集担当 若松友紀子（KADOKAWA）

マナーは
だれのためのもの？

マナーは、「ルール」ではありません。「守らなければならない」ものではないからです。それなのになぜ、私たちはマナーを身につけたいと思うのでしょう？大人の常識だから？　スマートな人だと思われたいから？

人とかかわる際にマナーが欠かせないのは、だれかと一緒に過ごす時間を心地よいものにするためです。「こうしたら相手はどう思うだろう？」と考えながら接することは、相手に対する思いやり。お互いに思いやりをもってお付き合いすることで、人間関係がよりよいものになっていくのです。

ベースは思いやりなのですから、本来、表現のしかたは人それぞれであっていいはず。でも、マナーには一定の決まりがあります。その理由は、異なる背景や考え方をもつ相手にも、思いやりや敬意を確実に伝えるためなのではないでしょうか。自分はよかれと思ってしたことが、相手にとっては不快だった……。こんな行き違いをなくすために役立つのが、マナーなのです。つまり一般的に「正しいマナー」とされていることは、さまざまな場面で受け入れられやすい「共通語」や「最大公約数」のようなものなのだと思います。

マナーが「自信のスイッチ」に

マナーは思いやりを伝える手段ですが、他人のためだけに身につけるものではありません。では、だれのため？といえば、自分自身のためでもあります。他人を尊重することができる人は、自然に自分も尊重されるようになります。そして周りからきちんと扱われることは、自信につながっていくと思うのです。

私にとって、マナーは「自信のスイッチ」です。場にふさわしいふるまいをすることで、相手への敬意を伝える。その敬意が自分に返ってくることで、自分を認め、好きになることができる……。マナーを身につけることで、そんなよい循環が生まれるような気がします。

もちろん、マナーは「形だけなぞればよい」というものではありません。でも、相手と心を通わせ、自分に自信をもつための入り口として、「形から入る」ことがあってもよいのかな、と思っています。正しいマナーを知って、それに合わせてふるまううちに、自然に相手を思いやる気持ちも芽生えてくるものだから。

マナーは自分の思いを表現する手段

「形から入る」場合でも、マナーにがんじがらめになる必要はありません。たとえば、恋人と素敵なレストランで食事をするとき。失敗をしないように……なんて考えてばかりいたら、料理の味もわからないし、恋人との会話も上の空になってしまいます。そんなデートはつまらないし、相手にも失礼ですよね？　レストランでのデートで大切なのは、おいしいものを味わいながら一緒に過ごす時間を楽しむこと。マナーはあくまで、それを手助けする手段です。

基本を知ることは安心感につながりますが、マナーは守るためのものではなく、自分の思いを伝えるためのものです。ベースに思いやりがあれば、多少ゆるみがあってもOK。「マナーありき」ではなく、「自分ありき」でいいのです。

とくにあらたまった場では、マナーが気になるもの。周りの人と自分をくらべて、少しでも違っていると「これでよかったのかな?」なんてドキドキしてしまう経験は、だれもがしていると思います。こんな不安を解消したい! という思いも、マナーを学ぼうとするきっかけのひとつでしょう。

実は、こうした場面で不足しているのは、マナーの知識ではなく自信なのだと思います。マナーは、人と関わるあらゆる場面で求められます。それらをすべて頭に入れるなんて、とても無理! でも、ある程度マナーを身につけることで自信が深まると、「この場ではこうしてもよい」という自分の判断を信じられるようになります。そして、「皆と同じようにふるまわなければ!」というプレッシャーからも解放され、いつでも自然体で堂々としていられるようになるのです。

この本はマナーを知るための参考書。唯一の正解が書かれたバイブルではありません。まずは基本を知って実践し、自信をもてる自分になって! そのうえで、場に合わせてアレンジしたり、自分らしさをプラスして「マナー外し」をしたりすることもできる、マナー上級者を目指してみてください。

素敵なマナーは、あなた自身のためのもの。

第1章

「また会いたい」と思われる女性の素敵なふるまい

鏡の前で、口角を上げる。笑顔で一日を始めてみましょう

洗顔の後、鏡に向かってニコッ。よし、笑えてる。今日も大丈夫！長年続けている、朝のルーティーンです。私にとって「口角を上げて笑うこと」は、身だしなみのひとつといえます。

「感じのいい人」でありたいなら、表情はとても大切です。どんなに上手にメイクをして素敵な服を着ていても、ムスッとしていたのでは魅力が半減。周りの人から「一緒に過ごしたい」「おしゃべりしてみたい」などと思ってもらえる機会も減ってしまうでしょう。それって、もったいないと思いませんか？

顔のつくりをかえることはできないけれど、表情は意識することでいくらでもかえられます。そして明るい表情は、何よりもその人を魅力的に見せてくれると思うのです。疲れていたり、ストレスがたまっていたりすると、自然に表情もド

ヨ～ンとしがちなもの。さらに残念ながら、頬は加齢とともにたるみ、油断していると口角も下がり気味になります。だからこそ毎朝、笑顔を確認するのです。

眉間にシワが寄っていないかな?

ちゃんと口角が上がっているかな?

最近は確認ついでに、顔の筋トレをしています。筋トレ中のすごい顔を見て、さらに笑ってみたりして……。

もちろん、笑いたくないときだってあります。でも、そんな日も欠かさず笑顔をつくってみます。「とりあえず笑ってみよう」と形から入ることも大切だから。

無理やりにでも口角を上げてみてください。それだけで顔全体の印象がかわり、その顔を見ているうちに、自然に目元まで笑顔になっていきます。そして自分の笑顔を見ることで、気分が上向いてくることもあるのです。

常に気持ちのよい笑顔でいることは無理だし、私もずっと微笑んでいられるわけではありません。でも、「笑顔でいよう」と心がけているだけでも表情はかわります。一緒にいる人をくつろがせる自然な笑顔は、相手に対する思いやりの基本なのではないかな、と思っています。

ユーモアで場にぬくもりを

中東で暮らしていた頃のことです。目上の方のご自宅に数人でおじゃました際、カーペットの傷みを補修したいのだけれど……という話題になりました。

私が何気なく「ここの、はげちょろけですね？」と言ったところ、おすましして座っていた皆がシーン。数秒おいて、目上の方がまじめな顔で「二階堂さん、ちょろけ、って？」と聞いてこられました。ふざけて聞こえたのかもしれませんが、関西出身の私にとって「はげちょろけ」はごく普通の言葉。だからすまして「椅子でこすれた、こんな感じを、はげちょろけって申しますの」と答えました。

目上の方があまりにもまじめなご様子だったので、その場ではフォローが入りませんでしたがこのやりとりに皆、笑いをこらえていたようです。後日、「あの雰囲気の中で、はげちょろけを連発できるあなたはすごい！」とほめられ（？）ました。ホストこそ笑われなかったけれど、一緒におじゃました仲間との距離は縮まりました。どんな場面でもユーモアって大切！と再確認した経験です。

「話しやすい人」は会話が続く人

「話しやすい人」かどうかは、初対面でわかります。ポイントは、会話が続くかどうか。共通の話題がとぼしい相手と話すことになって困ったときはとくに、2つのことに気をつけてみてください。

1つめが、質問されたときは答えだけで終わらせないこと。たとえば「いつ引っ越してこられたの？」と聞かれたら、「先週です。まだ家が片づかなくて」など、何かひと言付け加えることを心がけてください。

2つめが、相手の話をよく聞くこと。興味をもって耳を傾け、もっと聞いてみたいことなどをみつけて会話のきっかけにしていきましょう。

沈黙をこわがりすぎない

まだそれほど親しくない人と同席しているとき、その場がシーンとしてしまうのは居心地が悪いものです。おしゃべり好きな私は沈黙がこわくて、必要以上にベラベラ話してしまう……。そんな失敗を何度もしてきました。

その瞬間は、相手にも気をつかっておしゃべりを続けたつもり。でも、余計なことまで言ってしまったかな？　かえってうるさいと思われたかな？など、しゃべりすぎてしまったのを後悔することがほとんどです。

会話のテンポは、人それぞれ。自分が予想した反応がなかったからといって、相手が退屈しているとは限りません。「もっと盛り上がる話をしなければ」などとあせらず、相手のペースに合わせるつもりでゆったり構えてみましょう。

語尾まではっきり話す

目上の方や、あらたまったお付き合いをしている方に対しては、語尾まできちんと話すことを意識しましょう。はっきり言わなくてもなんとなく伝わるという感覚は、お互いをそれなりに知っている相手だけに通用すること。それ以外の相手に「言わなくてもわかってもらう」ことを期待してはいけません。

とくに日本語の場合、「ですか？」「です」「ですね」など、語尾によって意味やニュアンスがかわることも多いもの。意思の疎通をスムーズにするためにも、話し方には注意が必要です。モゴモゴと曖昧にせず、語尾まではっきり話すことは「きちんとした大人の女性」という好印象にもつながります。

同時に、やわらかい口調で話すことも心がけましょう。穏やかな話し方のほうが聞き手に安心感を与えますし、相手への敬意も伝わると思います。

相手の言うことを否定しない

意見のやりとりをする際に注意したいのが、相手の言うことを頭から否定しないこと。たとえば「私、犬が大好きなの」というひと言に対して、「そうなの？猫のほうがかわいいわよ」と返されたら？　相手に悪気がないことはわかっていても、なんとなく話が続けにくくなってしまいますね。

自分がよく知らない話題や心から同意できないことであっても、一旦は「この方はそう思うのね」と受け止めてみてください。意外におもしろい話に発展したり、共通の話題につながったりすることもありますよ。

……などと言っている私ですが、家族からは「でも、だって、と言い張る！」と叱られます。身内以外に対して同じことをしないよう、これからも十分に気をつけなければ！

正論より、「私だったら」

お付き合いが深まってくると、お互いに「伝えなければならないこと」も出てくることがあります。そんなとき、私がよく使うのが「私だったら……」という表現。内容にもよりますが、正論をつきつけられたり一般論で片付けられたりするのは、あまり気分がよくないこともあるからです。

伝える内容は同じでも、自分に置きかえる形にするだけで「注意する」「苦情を言う」というニュアンスが薄まるような気がします。「皆を待たせるのはよくないわよ」と、「皆が待っているから、私だったら早めに着くようにすると思うわ」では、聞こえ方が違ってくると思いませんか？

感謝の言葉はありがとう

感謝を伝えるときに使いたい言葉は、「ありがとう」「ありがとうございます」。

「ありがとう」の代わりに、「すみません」「申しわけありません」という言い方をする人がいますが、できれば避けましょう。

おそらく「お気づかいいただいてすみません」という気持ちを伝えたいのでしょうが、ストレートに「ありがとう」のほうが、言われた側も気分がよいものです。

「すみません」を使いすぎない

「すみません」は、便利な言葉です。本来の意味は「申しわけない」ですが、「ありがとう」のかわりや、「すみません、通していただけますか？」のように人の注意を引くときなどにも幅広く使われています。

あれもこれも「すみません」ですませるより、場面に応じて言葉を使い分けたほうが、スマートな印象を与えると思います。謝罪なら「申しわけありません」や「ごめんなさい」、感謝なら「ありがとう」、注意を引くための呼びかけなら「恐れ入ります」……。その場にふさわしい言葉を選んでみてください。

「ごめんください」＝Excuse me

最近、あまり聞かなくなった言葉に「ごめんください」があります。よそのお宅を訪ねたとき、家の中にいる人に声をかけるときのほか、人と別れるときの挨拶としても使えます。

少し古いイメージを与える言葉かもしれませんが、英語の「Excuse me」と同じ感覚で使える便利な表現です。響きも美しいので、機会を見つけて、ぜひ使ってみてくださいね。

言葉づかいは相手との関係性に応じてかわる

かしこまった言葉づかいは敬意を伝えるのには適しているけれど、「親しさ」を感じさせるのには向きません。はっきりと線引きはできませんが、相手との関係性によって「ていねいさ」の度合いをかえていくのが自然です。

たとえば話題の映画を見たかどうか尋ねるとき、あらたまったお付き合いをしている方に対しては「ご覧になりましたか?」が正解。でも、相手が年齢の近い先輩などであれば、「見ましたか?」でよいのではないでしょうか。もちろん、年齢などにかかわらず、親しくなってお互いに「友だち」と呼べる関係になったのなら、親しみを込めて「見た?」でもよいと思います。

ていねいにしておけば間違いはない、という考え方もありますが、ていねいすぎる言葉づかいや態度は、慇懃《いんぎん》無礼な印象を与えることもあります。相手との距離感を測りながら「ほどよいていねいさ」で接することを心がけてみましょう。

尊敬語と謙譲語を正しく使い分ける

基本的なことですが、敬語を正しく使えることは、大人として最低限のマナー。日本語では相手への敬意を示す手段として、敬語は欠かせないものだからです。とくに注意したいのが、尊敬語と謙譲語の使い分けです。尊敬語が「相手を高める表現」であるのに対して、謙譲語は「自分を低める表現」。曖昧なまま使っていると、相手を低めたり自分を高めたりしてしまいかねませんよ！

尊敬語と謙譲語をごちゃ混ぜにしたような言い方や過剰な敬語なども、子どもっぽい印象を与えます。また、「バイト敬語」などと言われることもある「よろしかったでしょうか？」「～のほうをおもちします」といった表現も避けたほうがよいでしょう。敬語にちょっと自信がない……という人は、間違えやすい表現について一度おさらいしておくと安心ですね。

間違えやすい表現

基本の形	尊敬語	謙譲語
言う	おっしゃる	申す 申し上げる
見る	ご覧になる	拝見する 見せていただく
聞く	お聞きになる	うかがう
いる	いらっしゃる	おる
食べる	召し上がる	いただく
行く	いらっしゃる	まいる うかがう
来る	いらっしゃる お見えになる お越しになる おいでになる	まいる うかがう

注意したいNG表現

尊敬語と謙譲語が混ざった言い方	○	×
	召しあがる	いただかれる
	おっしゃる	申される

二重敬語	○	×
	召し上がってください	お召し上がりになってください
	おっしゃる	おっしゃられる

敬語は敬意をこめて使う

私がこれまでに接したことがある言語の中では、日本語ほど厳密な敬語表現がある言葉はありません。もちろん、目上の方に敬意を示す言い回しなどはありますが、「食べる」が「召し上がる」「いただく」になるように、言葉そのものが変化することはないのではないかと思います。

海外では、口調や態度で相手への敬意を表しているように思います。使い分けがややこしい部分もありますが、言葉で敬意を示せる分、敬語は便利なものなのかもしれません。ただし口先だけの敬語は、相手によい印象を与えないこともあります。態度が伴ってこそ、敬語が意味のあるものになるのでしょう。

思い切ってほめ上手になってみる

海外で暮らして「いいな」と思ったことのひとつが、ほめ上手な人が多いことでした。食事に招けば「こんなおいしいごはんは、食べたことがないわ！」。私のお料理教室に参加すれば「あなたは世界一のお料理の先生ね」。日本生まれの私にしてみれば、ちょっと持ち上げすぎじゃない？と言いたくなるぐらいのレベルです。

でも、おだててくれているとわかっていても、ほめられると元気が出ます。ほめられるのってこんなにうれしいんだな、とあらためて実感しました。

だから私も、ほめ上手でありたいと思っています。小さなことでも、「いいな」「素敵だな」と思ったら、どんどん口に出す！　いつも元気をくれるほめ上手の友だちを見習って、ほめるときは言葉を惜しまないようにしています。

ほめられたら、ありがとう

ほめてもらったときは、「ありがとう」プラスにっこり。どんなに大げさでも、ほめ言葉は素直に受け入れてよいと思います。

ほめられることに慣れていないと、つい謙遜してしまいがちです。「この料理が最高? そんなことないわ、これはあり合わせで作ったの。本当はお客さまにお出しするようなものじゃないのよ」なんて……。

でもほめられたときは、「謙譲の美」はちょっとおあずけ。ほめ言葉を受け入れることは、自信につながります。そして素直に喜ぶことは、ほめてくれた相手の気持ちにこたえることにもなるのです。

断りの言葉は笑顔ではっきり

何かを断るときは、できるだけはっきりと「ノーサンキュー」が伝わるように努力します。ただし、必ずにこやかに! 相手への遠慮から遠回しであいまいな言い方をしたくなってしまうこともありますが、断りの言葉は、むしろ短くストレートに言ってもらったほうが気持ちがよいものです。

たとえば海外の友人に和食を勧めたときなど、苦手なものは「食べられない」と正直に言ってくれました。相手があれこれ気をつかった言い方をしない分、私も「そうか、好きじゃないのね」と言葉通りに受け止めるだけですみ、かえって気が楽でした。ストレートな断りの言葉も、「ごめんなさい」というひと言と笑顔を添えれば、相手をいやな気持ちにさせることはないと思います。

「断る＝否定」と捉えない

以前は、海外には和食になじみのない方がたくさんいました。そんな方に和風の料理を勧めると、散々な断り方をされることもありました。露骨にいやな顔をしたり、食べてみてから「だし汁がフィッシーでおいしくない」と言ったり。「こんな真っ黒なもの、気持ち悪くて食べられない！」と、焼きのりを拒否する人も珍しくありませんでした。遠慮がちな断り方をする方が多かったのは、スイスぐらい。ひと口食べて、ひきつった笑顔で、「とてもおいしいけれど、今日はやめておきます」と言ってもらったときは、日本にいるような気分になりました。

自分の料理を「まずい！」なんて言われたら傷ついちゃう、という人もいるかもしれません。でも、そんな必要はないと思います。相手は出された料理が苦手だっただけ。それを作った私をきらいなわけではないんですから。

何かを断られることを、「自分を否定された」と受け止めない！　相手の言葉が何に対してのものなのかを考え、素直に受け入れるようにすれば、自分に対する自信がむだに揺らぐことはありません。

話し上手は聞き上手

だれかと一緒に過ごす時間を心地よいものにするコツのひとつが、聞き上手になることです。打ち解けるためには、「話す」ことが欠かせません。でも、自分が一方的に話すだけでは、相手との距離は縮まりません。大切なのは、「お互いに話す」ことなのです。

相手の話を引き出すため、しっかり「聞く」姿勢を示すことから始めましょう。自分の話を聞いてくれる人には、自然に心を開けるもの。自分が話そうと頑張るより、聞くことに意識を向けたほうが、会話が盛り上がることも多いのです。

もともと人と話すことが好きな私は、気をつけていないと、ついペラペラしゃべってしまいがち。話す時間より聞く時間を長くしよう、といつも自分に言い聞かせています。

目の前の相手に関心をもつ

話を「聞く」ことと、「聞き流す」ことは違います。ほどよく相槌《あいづち》を打ってみせても、聞き流していることは相手にも伝わるもの。とくに人間関係づくりの最初の段階では、「一生懸命聞く」気持ちが大切だと思います。

たとえ相手が話し上手でなくても、「この方はどんな方なんだろう?」と関心をもって耳を傾ければ、相手の人となりや興味の対象なども見えてくるものです。「話がおもしろくないから」「共通の話題がないから」などとバリアを張らず、真摯《しんし》に向き合ってみてください。

興味をもって一生懸命聞いていれば、自然に相槌や質問も出てくるもの。よい雰囲気で会話を続けることができるでしょう。

立ち姿を美しく

人目のあるところでは、常に背すじを伸ばしていることを意識してみましょう。背すじを伸ばすとおなかにも自然に力が入り、深い呼吸ができるようになります。そして深い呼吸には、心を落ち着かせる効果があります。つまり姿勢よく立つことで心が穏やかになり、自信をもって堂々とふるまえるようになるのです。

私は数年ごとに違う国へ行き、知らない方々の中に入っていく、という生活をしていました。初めてのレセプションなどでは、もちろんとても緊張します。そんなときにも背すじを伸ばす習慣に助けられました。「日本の女性はおどおどしている」なんて誤った印象を与えたくない！　そんな気持ちから、猫背にだけはならないよう、気をつけていたのです。当時の私が「自信にあふれ、堂々とした日本女性」に見えていた……のならいいのですけれど。

所作が美しい人は魅力的

ていねいな所作には、心の穏やかさが表れるように思えます。基本は姿勢よく立ち、顔を上げること。心が落ち着くと自然に口角が上がり、笑顔がやわらかくなります。そして、自分を俯瞰《ふかん》で見て人の目に映る自分の姿を意識する余裕も生まれるでしょう。緊張する場面こそ動作はゆっくりと。あわててしまいそうなとき、私は心の中で「ゆっくり、ゆっくり」と自分に声をかけるようにしています。

ものの受け渡しは両手で

小さなことですが、人に何かを手渡すときは「両手」が基本。ペンのような小さなものでも、両手で差し出すようにしましょう。あたりまえのことだからこそ、おろそかにしたくないものです。

座るときは足にも意識を向ける

立つときの姿勢も大切ですが、座ったときの姿勢にも気を配りたいもの。いちばんの注意点は、膝～足先をそろえること。パンツスタイルだとつい気を抜いてしまうこともありますが、両膝の間にすき間ができているのは美しくありません。足をきちんとそろえ、背すじを伸ばした姿勢をキープしましょう。

笑うときに口元を隠さない

口元を隠して笑うことは、日本ではマナー違反ではありません。「人前で口を開けて笑うのははしたない」という考え方も根強いため、世代によっては、むしろ「上品なふるまい」と受け止める方もいるでしょう。

けれど、海外では笑うときに口を隠すのはNG。口を手で覆う仕草が、「上品なもの」と受け止められることはまずありません。「いやなにおいをカバーしている」ような不快な印象を与えることもあるので、避けたほうがよいのです。

最近では、日本でも「口を隠す＝上品なふるまい」という価値観が絶対ではなくなってきているように思います。笑顔は、一緒にいる人をよい気分にするもの。楽しいときは、遠慮なくビッグスマイルを見せてよいのではないでしょうか。

車には腰から乗って足から降りる

車に頭から乗り込もうとすると、天井が低く床が高いため、外におしりを突き出すような姿勢になってしまったり、途中でもたついたりしがちです。車に乗るときは「おしりファースト」。まずは、背すじを伸ばしておしりから車内に入れ、斜め前からシートに浅く腰かけます。その後、体を回して正面を向きながら、そろえた足を車内に入れましょう。

反対に、降りるときは「足ファースト」になります。ドアの近くに体を寄せ、体を回してまずは足を車の外へ。体をかがめながら足を地面につけ、ゆっくり立ち上がりましょう。

開けたドアを押さえる気配りを忘れずに

所作の美しさは、体の動きの美しさだけから生まれるものではありません。根底に、周りへの配慮があってこそ、美しく見えるのだと思います。

こうした気配りが表れる場面のひとつが、公共の場所でドアを開け閉めするときです。ドアを開けて通るところまでは、皆同じ。差がつくのは、自分が通った後、振り返るかどうか？という点です。

自分の後ろを確認し、後から来る人がいれば軽くドアを押さえて待つ。これだけで次の人は助かるし、人の流れもスムーズになります。そして、自分がドアを押さえてもらう側だった場合は、「ありがとうございます」のひと言を忘れずに。他人の親切にきちんと感謝を伝えることも、大切な気配りです。

たとえ急いでいるときでも、他人のためのひと手間を惜しまない。思いやりや心の余裕が表れるこうしたふるまいこそ、大人の女性にふさわしい「美しい所作」なのではないでしょうか。

第2章

食事の時間を楽しむためのテーブルマナー

山盛りのごちそうを残してはだめ⁉ 必死で食べたアラブの国々の思い出

食の文化は、国によって違います。食材や調理法はもちろん、行事との関係やおもてなしに関する考え方などもさまざま。住む国が変わるごとに、新しい発見や驚きがありました。

たとえばアラブの国では、来客があるときは食べものをたっぷり用意するのがマナーとされています。忘れられないのが、初めてエジプト人の知人宅に招かれたときのこと。目の前に、ごちそうが山盛りのお皿を出されました。ひと目で食べきれないとわかるほどの量です。そして私が食べはじめると、ホストが真顔で、「もてなす側として、全部食べるまで帰すわけにはいかない」と言うのです。

驚きましたが、この土地のマナーなのだろうと思い、泣きそうになりながらいただきました。ところが、後になってから「あれはジョークだった」と……。やせ型の私をからかうつもりで言ったところ、真に受けて必死で食べる私の様子がおもしろくて、ホストも他の来客も笑いをこらえて見守っていたのだそうです。

クウェートでは、ラマダン（断食を行う期間）中に知人の家を訪ねたことがあります。イスラム教徒は日の出から日没まで食事ができないため、日が暮れてからたっぷり食べるのですが、その食事の脂っこいこと！　甘いこと！　揚げものや甘いデーツ、お菓子などと一緒に勧められるのは、甘〜いお茶。食べるのにやや苦労したことを覚えています。ほかにも、「最高においしい、はやりの日本食」を自慢されましたが、それはえびの天ぷらに唐辛子入りのマヨネーズをつけてごはんで巻き、天かすをまぶした「ドラゴンロール」や、お寿司の天ぷら……。「和食はヘルシー」というイメージがあるせいか、油たっぷりのクウェート流・お寿司を、皆「ヘルシーだ！」と喜んで食べているのです。私にはかなりの違和感があったのですが……。

国や地域によって流儀は違っても、人と一緒に食事を楽しもうとする気持ちは同じ。各地でいろいろな方と食事をともにしたことで、何を食べるかより、「食事の時間をいかに楽しいものにするか」が大切なんだな、と実感しました。

食事に行くときは香りにも注意

食事に行く際は、料理の香りをじゃまする香水などをつけないのがベストです。つける場合は、「自分だけに香る」程度に。濃度が薄く、香りの持続時間も短いコロンなどを選び、つける量も控えめにしておきましょう。

とくに和食店やお寿司屋さんに行く場合は、できれば香りはつけていかないほうがよいと思います。料理の繊細な風味を大切にするお店では、あまり歓迎されないことがあるからです。

最近では、衣類の洗剤や柔軟剤にも香りの強いものがあります。香水だけでなく、衣類の香りにも気を配ることを忘れずに。

食事に行く日はバッグを2個持ち

仕事帰りに食事に行くときなどは、通常のバッグに加え、小さなハンドバッグやクラッチバッグを持っていきましょう。カジュアルなお店でなければ、大きな荷物はクロークに預けることができます。テーブルには、お財布とハンカチ、口紅など必要最低限のものを入れた小さなバッグだけを持っていくようにするとスマートです。

ドレスアップしたときのための小さなバッグは、持つだけで気分が上がるもの。実用性より、デザイン優先で選んでもよいと思います。小さなバッグを使う際に注意したいのが、お財布です。普段づかいのものだと、バッグにうまく収まらないことがあります。特別な日用に、バッグに合わせた薄く小さいお財布も用意しておくと安心ですよ。

背もたれに寄りかからずに背すじを伸ばす

着席する際は、バッグを腰の後ろへ。テーブルと体の間は握りこぶしふたつ分ほど空け、背すじを伸ばして座ります。

食事中はおなかに力を入れ、正しい姿勢をキープ。カフェなどでくつろぐときは背もたれに寄りかかったり、足を組んだりしてくつろいでもよいと思いますが、レストランでは少し緊張感をもって美しくふるまいましょう。

苦手なものは正直に伝える

若い頃、自宅に招いてくれた方が牡蠣《かき》のグラタンを用意してくださいました。実は、私は牡蠣が体質に合いません。でもそのことを言い出せずに無理をして食べ、後から大変な思いをしました。そのときは思いいたらなかったけれど、もし自分がホストだったら？と考えると、私のしたことは大間違いです。自分の料理が原因でゲストが体調をくずしたことを知ったら、つらい思いをしたはずだからです。苦手なものや食べられないものがある場合は、はっきり伝えるのがマナーだと思います。ホストに尋ねられたときは、遠慮せず正直に答えましょう。

量を減らしてほしいときはオーダー時に伝えてみる

一緒に食事をしている人の食が進まない様子だと、ホストは気になるもの。量が多すぎて食べきれない、という場合は、そのことを素直に伝えましょう。「とてもおいしいから残念なのですが、食べきれなくて……」などと明るく言えば、料理が口に合わなかったのかな?という心配を取り除くことができます。もともと小食な人は、レストランでもオーダーの際に量を減らしてくれるように頼んでみてください。料理によっては、量を加減してもらえることもありますよ。

首を前に出さないように注意する

料理を口に運ぶ際に気をつけたいのが、「首を前に出さない」こと。上半身は動かさず、食べものやグラスを口元まで運ぶようにします。

姿勢よく座っていても、食べるたびに首が動くのは、美しい所作とはいえません。自分では気づきにくいので、一度身近な人にチェックしてもらうとよいでしょう。気になる人は、食べる姿を横から動画撮影し、客観的に見てみるとよいかもしれません。

音を立てないことはテーブルマナーの基本

特に洋食では、できるだけ音を立てないようにすることは最低限のマナーです。スープや飲みものを音を立ててすすらないことはもちろん、カトラリーが食器に当たる音にも気をつけましょう。

会話を楽しむことは大切ですが、口の中にものが入った状態で話すのはNG。食べものを噛む音は周りに不快な印象を与えるので、きちんと口を閉じて噛み、口の中のものを飲み込んでから会話に加わりましょう。

ナイフやお箸の先を人に向けない

「ナイフの刃は自分に向ける」ことも、基本的なマナーとして知っておきましょう。食事の途中や食事を終えたときにカトラリーを置く際は、ナイフは必ず刃を内側に。外側に向けるのは「他人に刃を向ける」ことにあたり、失礼なふるまいとされています。

同様に、お箸の先を人に向けるのもマナー違反です。会話が盛り上がってくると、つい体が動くこともありますが、このときにお箸を持ったままだと箸先が思わぬほうを向いてしまうことも。失敗を防ぐためにも、話すときはお箸を箸置きに置くようにするとよいでしょう。

料理の写真を撮るときは同行者にひと声

料理の写真を撮る場合は、同行者とお店の方に「写真を撮ってもいいですか？」と声をかけ、了承を得てからにしましょう。そして撮影は、手早く！　お皿やカトラリーは動かさず、座ったままサッと撮りましょう。他のテーブルの方に迷惑をかけないよう、店内が暗い場合は事前にフラッシュをオフにしておきます。

レストランなどに行くのは、食事を楽しむため。大切なのは、料理がおいしいうちにいただくことと、同行者に不快な思いをさせないことです。写真を撮ることより、料理や会話を楽しむことを優先してくださいね。

食事中は携帯電話をバッグの中へ

食事中、テーブルの上に携帯電話を出したままにしておくのは避けましょう。もちろん、食事中にメッセージなどをチェックするのはよくありません。たとえ手に取らなくても、目の前にあると気になるもの。携帯電話にチラチラ視線を向けていたのでは食事に集中していないように見え、同行者をがっかりさせてしまいます。また、テーブルの上に余計なものが置かれていると料理を並べにくいため、お店に対しても失礼です。料理の写真を撮りたい場合も、撮り終えたら、携帯電話はすぐにバッグの中に入れるようにしましょう。

食べる速さは周りに合わせる

食べるペースは人によって違いますが、会食の際は、周りに合わせることを心がけましょう。とはいっても、食べるのが遅い人が速い人に合わせるのは難しいもの。周りをよく見て、遅い人に合わせるつもりで食べ進めるのが正解です。

私は、食べるのが速いほうです。気をつけているつもりなのですが、おしゃべりが楽しくなってくると、つい、いつものペースで食べてしまうことがあります。ハッと気づくと、他の人はゆっくり食べているのに、私のお皿はほとんど空っぽ！うかつな自分を心の中で叱りながら、残り1センチぐらいになったお肉を、数ミリ刻みにして食べる……なんて羽目になってしまうのです。

お店の方にも感謝を伝える

お店の方に対する態度には、その方の人となりが表れるように思います。お店側は、もちろん「お客さま」として敬意をはらってくれますが、ゲストだからといって尊大な態度をとってよいわけではありません。

友だちの家に招かれて、料理を出してもらったら、「ありがとう」と言いますよね？　お店でも、基本は同じです。何かをしてもらったら、笑顔で「ありがとう」を伝えましょう。言葉に出しにくいなら、笑顔を向けたり軽く会釈をしたりするだけでも、気持ちは伝わります。

「いただきます」は感謝の言葉

食事の前の「いただきます」という挨拶は、食べものや作ってくださった方、ごちそうしてくださった方への感謝を表すもの。日本の素晴らしい習慣のひとつだと思います。「いただきます」の挨拶とともに手を合わせるのも、自然への畏敬の念から生まれた仕草でしょう。

外食の際も「いただきます」と口に出すのはよい習慣だと思います。ただし「手を合わせる」仕草は、「必ずするべき」と考えなくてもよいのではないでしょうか。たとえばクリスチャンの家庭では食前に感謝の祈りを捧げる習慣がありますが、レストランなどで同様のふるまいをすることは、まずありません。

家庭以外の場所では、さまざまな価値観をもった方と食事をともにすることがあります。また、ゲストのふるまいは同席者だけでなく、お店の雰囲気にも影響を及ぼします。和食屋さんならそれほど違和感はないかもしれませんが、フレンチレストランなどでは、手を合わせる仕草はやや場違いな印象を与えるかもしれません。正解はひとつではありませんが、私の場合、外食の際は心の中で手を合わせるようにしています。

カジュアルなお店では雰囲気に合わせて楽しむ

テーブルマナーを知っておくことは大切ですが、常に正しいマナーにしばられる必要はありません。カジュアルなお店なら、スペアリブにかぶりついたり、ピザを手でつまんだり。ハンバーガーだって、思いきり口を開けてガブッ！といかなければおいしさ半減ですね？　マナーが存在するのは、一緒にいる人と気分よく過ごすため。「〜でなければならない」などと堅苦しく考えず、お店の雰囲気や同行者の顔ぶれに合わせて柔軟に楽しみましょう。

洋食

ナプキンは汚してよいもの

テーブルに置かれたナプキンは、オーダーがすんで飲みものが運ばれる頃に広げます。主賓がナプキンを手に取るタイミングに合わせるとよいでしょう。たたんであるものを広げてふたつ折りにし、折り目を手前にして膝にのせます。食事中、膝から落ちてしまったときはお店の方に伝え、新しいものを持ってきてもらいましょう。

ナプキンは、口元をぬぐうためのもの。「汚さないように」などと遠慮する必要はありません。使うときは、背すじを伸ばしたままナプキンを口元へ。ふたつ折りにした内側でぬぐうようにすれば汚れた面が隠れ、服に汚れがつくこともありません。

ナプキンがわりに自分のハンカチやティッシュを使うのは、マナー違反。「出されたナプキンが汚くて使えない」という意味になってしまいます。「汚してよいもの」だということを知っておき、遠慮なく使いましょう。

洋食　中座するときはナプキンを椅子に

食事中に中座するときは、ナプキンを軽くたたんで椅子の上に。お店の方への「また戻ってきます」という合図になります。食事を終えて席を立つ際は、ナプキンをざっとたたんでテーブルに置きます。このとき、ナプキンはあまりきちんとたたまないのがマナー。きっちりと角をそろえてたたむと、「おいしくなかった」という意思表示になってしまうので気をつけましょう。

洋食　カトラリーは外側から使う

料理に合わせてお皿の両側にセットされたカトラリーは、外側から順に使うのが基本です。カトラリーを使う際にもっとも気をつけたいのが、音を立てないこと。持ったまま身振り・手振りをしないことも大切です。グラスを持ったりナプキンを使ったりする際も、一旦カトラリーをお皿に置くようにしましょう。

洋食

食事中のカトラリーはお皿に「八の字」置き

食事中に一旦ナイフとフォークを置く際は、お皿の上に「八の字」に。ナイフの刃は内側に向け、フォークは背を上にします。

食べ終えたら、ナイフとフォークをそろえてお皿の右斜め下（時計の4時あたり）に置きます。このときはナイフの刃を内側、フォークの背を下にします。

食事中

食べ終えたとき

洋食　フォークは原則として左手で

ライスや豆類などを食べるときは、フォークを左手に持ち、ナイフで寄せてフォークにライスなどをのせます。このときフォークの背は上でも下でも大丈夫です。フォークを右手に持ちかえて使うのは、カジュアルな場に限って許されるマナー。フォーマルなレストランでは、避けたほうがいいでしょう。

洋食　パンは小さくちぎってひと口で

パンは必ずちぎってからバターをつけ、ひと口でいただきます。バターが数人分まとめて出された場合は、その都度手を伸ばさずにすむよう、使う分を自分のパン皿に取り分けておきましょう。

テーブルにパンくずが落ちても、そのままにして構いません。デザートの前などのタイミングで、お店の方がきれいに片づけてくれます。気になるからと床に払い落としたり、散らばったパンくずを集めて食べ終えたお皿に戻したりするのはやめましょう。

洋食 レストランで料理のシェアはNG

フォーマルなレストランでは、原則として料理のシェアはしないものです。自分の料理を相手のお皿にのせたり、手を伸ばして他人のお皿のものを取ったりする姿は、美しいとはいえません。また、お皿ごと交換するのもマナー違反です。どうしてもシェアしたい場合は、オーダーする際に希望を伝えてみましょう。あらかじめ盛り合わせてくれるなど、柔軟に対応してもらえることもありますよ。

洋食 ワイングラスはステムを持って

ワイングラスは、ステム(脚)を持つと美しく見えると思います。ワイン通の人は、「温度がかわらないように」とステムの下のほうを持つことがありますが、この持ち方は不安定。普通に食事を楽しむ場なら、やや上のほうを持つと安心です。海外では、お酒を入れるボウルの部分を持つ方も多く、「ワイングラスのどこを持つか」に絶対のルールはありません。ただしボウルを持つ場合も、指先で軽く。温めながら香りを楽しむブランデーグラスのように、手のひらで包み込むように持つのは避けけましょう。

洋食

乾杯ではグラスをぶつけない

乾杯するときはグラスを目のあたりまで上げ、同席者と目を合わせます。グラスをぶつけて音を立てるのは避けましょう。

ワインを飲む際にグラスを回すのは、香りをより楽しみたい方がすること。「回すのがマナー」というわけではないので、あえて回す必要はありません。回す場合も、飲む直前に軽く香りを立てる程度にしておきましょう。おいしくいただくためとはいっても、グラスをテーブルに置いている間もずっと手を添えてグルグル回していたら……気になって、会話に集中できませんよね？

洋食

食事の前に口紅をチェック

ワイングラスに口紅の色がつくのは、やや見苦しいものです。テーブルに通される前に化粧室へ行くなどして、ティッシュなどでていねいに口紅を押さえておきましょう。食事に行く日は、落ちにくい口紅を選ぶのもよい方法です。

気をつけていてもグラスに口紅がついてしまった場合は、そのままに。できるだけ同じ箇所に口をつけるようにして、汚れを最小限にとどめます。指先でぬぐったり、ナプキンで拭き取ったりするのはやめましょう。

洋食

ワインのおかわりを断るときはグラスの縁に触れる

レストランでは、ワインはソムリエが注いでくれます。注いでもらうときは、グラスをテーブルに置いたままで。グラスを持ち上げたり、手を添えたりする必要はありません。グラスの中身が減ってくると、タイミングを見計らってソムリエが注ぎ足してくれます。ワインはもう十分、というときは、グラスの縁に軽く指先を添えましょう。同席者との会話を中断したくないときも、この動作だけで「もう結構です」と伝えることができます。

洋食 パスタはフォークだけで

カジュアルなお店では、ロングパスタにフォークとスプーンが添えられていることも多いのですが、本来はフォークだけを使います。上手にいただくコツは、一度に取る量を少なめにすること。お皿の手前側に2〜3本引き出してフォークに巻きつけ、ひと口で口に入れます。口に入りきらなかった分をすするのはもちろん、噛み切るのもマナー違反です。

洋食 フィンガーボウルは「手でどうぞ」の合図

殻つきの貝や骨つきのお肉などが出された場合、手を使ってよいかどうか迷うこともあるかもしれません。見極めのポイントは、フィンガーボウルです。料理と一緒にフィンガーボウルが出されるのは、「手を使って召し上がってください」というサインです。ただし骨つきのお肉などの場合、最初から手に持ってかぶりつくのは避けたいもの。ある程度までフォークとナイフでいただき、最後だけ手を使うようにするとよいでしょう。

洋食 フィンガーボウルは指先だけを洗うもの

両手が汚れているときも、フィンガーボウルを使うときは必ず片方ずつ。親指、人さし指、中指の指先を水に浸し、軽くこすり合わせるように洗います。洗った後は、ナプキンで水けを拭きましょう。

洋食 ソースをパンにつけるのはカジュアルなお店で

お皿に残ったソースをパンにつけて……といういただき方は、フォーマルなレストランでは避けたほうがよいと思います。カジュアルなお店なら違和感はありませんが、その場合も、目的はソースをおいしくいただくこと。料理を残さず味わってもらえることはお店側にとってうれしいことですが、お皿がピカピカになるほどパンでぬぐうのは、ちょっとやりすぎかもしれません。

洋食　中座するならメインの料理が終わってから

原則として、食事中は席を立たないのがマナーです。とはいえ、お化粧直しなどが必要になることもありますよね。そんな場合は、メインの料理が終わってからにしましょう。デザートが出される前など、できるだけ会話を遮らないタイミングで、「ちょっと失礼します」などと簡単に断ってから席を立ちましょう。

和食　お座敷に上がるときはふんわりスカートを

和食屋さんでお座敷に通される可能性があるときは、長めのスカートを選ぶと安心です。座布団に座った際、膝が見えるのは少し気になります。それに見た目だけでなく、自分も居心地が悪いですよね？

立っているときに膝下丈でも、正座をすると膝が出てしまうことがあります。また、長さは十分でも、タイトなスカートは正座をすると窮屈なことも。座りやすさも含めて考えると、長めのふんわりしたスカートが最適ではないでしょうか。着ていく服に迷ったときは実際に正座をしてみて、見た目や座り心地を確認しておくと安心です。

もちろん、パンツスタイルでもマナー違反ではありません。膝を隠せることは、パンツのメリットです。でもふんわりしたスカートのように足を隠せないため、こっそり足をくずすことができません。正座をくずしてよい場だとしても、足の位置がはっきりわかるので、座り方に迷ってしまいます。また、座りじわがつきやすいため、帰宅する際に気になるかも……ということも想定しておきましょう。

和食　手元のアクセサリーは控えめに

素敵なお店で食事をするときは、ドレスアップすることも大切。でも和食屋さんに行く場合、大ぶりの指輪やボリュームのあるバングルなどは避けましょう。和食には、器を持っていただく料理もあります。手元のアクセサリーを控えめにするのは、繊細な器を傷つけないようにするための気配りです。

和食

お座敷ではバッグを自分の横に

和服は懐や袂《たもと》に小物を入れることができるので、和室は「手ぶら」で入ることが想定されています。でもお茶の席などを除けば、女性はバッグを持っているのが普通。バッグは隣の人のじゃまにならないよう、自分の横に置きましょう。

和食

お箸を取るときは3ステップで

お箸は、左のように「三手で取る」のがマナーとされています。取り上げたお箸は、上から三分の一あたりを正しく持ちましょう。

おかしな持ち方や間違った箸づかい（次ページ参照）は、同席者に不快な印象を与えることも。実は、私はお箸を正しく持てず、大人になってから持ち方を直しました。お箸が苦手な人も、「もう癖になってしまったから」などとあきらめず、正しい持ち方を練習してみてくださいね。

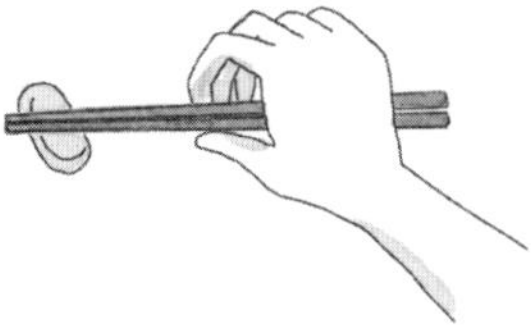
①右手で取り上げる。

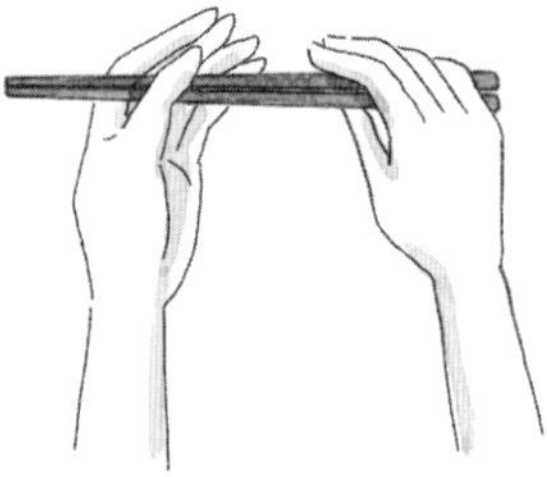
②左手で下から支える。

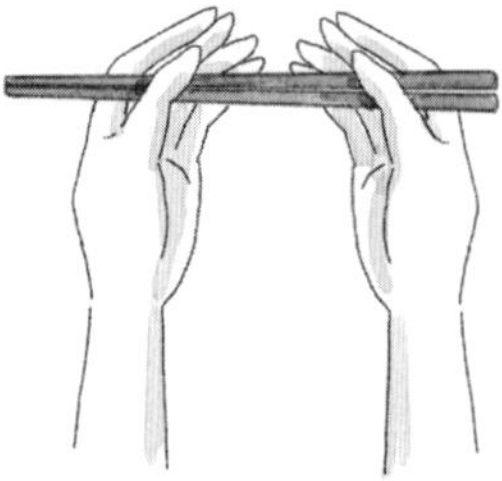
③右手をお箸の下へ滑らせて持つ。

箸づかいのNG

「嫌い箸」「忌み箸」とも呼ばれるNGマナーです。

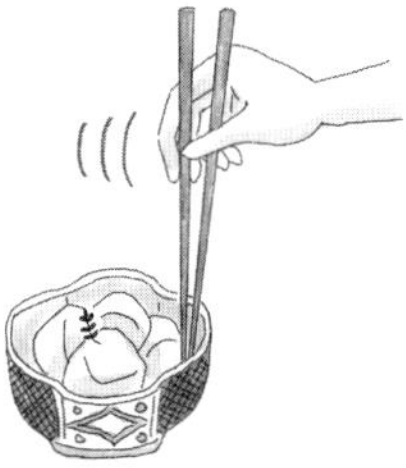

寄せ箸
お箸で器を引き寄せる。

渡し箸
お箸を器の上に置く。

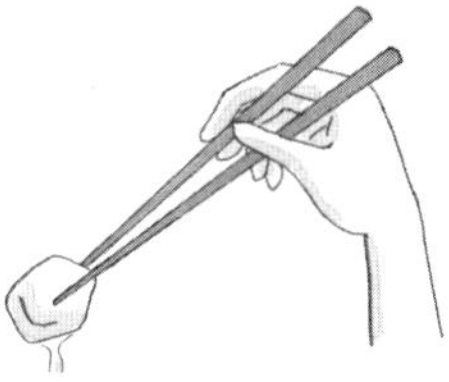

涙箸
お箸の先からしずくを垂らす。

迷い箸
料理の上でお箸を動かす。

刺し箸
お箸で食べものを突き刺す。

探り箸
器の中をお箸でかき回す。

和食　食事中のお箸は箸置きへ

器を両手で持ち上げるときは、お箸を一旦箸置きへ。箸置きがない場合は、折《お》敷《しき》（ひとり用の盆）の縁に箸先をのせるように置きましょう。割り箸が出されるカジュアルなお店であれば、箸袋をたたんで箸置きのかわりにしてもよいと思います。

和食　和食の席では懐紙が活躍

和食屋さんに行くときに、懐紙を持参してみませんか？　懐紙は和紙をふたつ折りにしたもの。お茶席では和服の懐にはさむのが決まりですが、それ以外なら、ティッシュケースのような「懐紙入れ」に入れて持ち歩くのがおすすめです。

口元や指先を拭く、小皿がわりにする、お皿に残ったものを覆うなど、懐紙の用途はいろいろ。食事の席以外でも、ちょっとしたものを包んだりメモのかわりにしたりと、いろいろな場面で役立ちます。

見た目が似ているので、ティッシュペーパーで代用してもよいのでは？と思うかもしれません。実は私も、懐紙を忘れてティッシュを使ったことがあります。懐紙のフリをしてさりげなく使ったつもりですが、やはり質感の違いは明らか。懐紙のほうが、大人の女性の持ちものとして粋なのではないかな、と思います。

和食

「手皿」は品のよい仕草ではありません

料理を口に運ぶ際、お箸の下に手を添える「手皿」は、決して人前でしたくない仕草です。周りを汚さないように……という気配りからのものかもしれませんが、和食ではマナー違反とされている所作なのです。

汁けが多い料理をいただく際は、小さな器に盛られたものなら器を持っていただきます。持てないサイズの器に盛られている場合は、汁けをていねいにきってから口に運びましょう。

心配な場合は、小皿がわりに懐紙を使いましょう。たたんだ懐紙を左手に持ち、箸の下に添えて口元へ。「手皿」と同じような動作でも、手ではなく懐紙を使えばマナー違反にはならないのです。

和食　器のふたは食べ終えたら元通りに

お椀などのふたは、軽く回して開け、ひと呼吸おいて裏側についた水滴を器の中に落とします。外したふたは裏返しにしてテーブルへ。お椀のように右手側に置かれた料理のふたは器の右側、左手側の料理なら器の左側に置きましょう。料理を食べ終えたら、元通りにふたをします。このとき、ふたを裏返してはいけません。繊細な器を傷つけてしまう可能性があるからです。

和食　小ぶりの器は持ち上げてよい

和食の場合、無理なく持てるサイズの器は、いただく際に持ち上げてよいことになっています。器を取り上げる際は、右にあるものは右手、左にあるものは左手で。料理の上を横切るように腕を伸ばすことは「袖越し」と呼ばれ、マナー違反とされています。取り上げた器は右利きの場合は左手にていねいに置き直し、四本の指は揃えて親指で上から軽く支えます。

和食　器を取り上げるときはお箸を置いて

器を手に取るときは、一旦お箸を置きます。両手またはどちらか片方の手（器が置かれている位置によって異なる）で器を持ち上げてから、右手でお箸を取ります。その後、器の底に添えた左手の指先にお箸をはさみ、右手をお箸の下へ滑らせて持ち替えましょう。

和食　わさびはしょうゆに溶かないほうがきれい

お刺身をいただくときに欠かせないのが、わさびです。好みに応じてしょうゆに溶いてもかまいませんが、わさびをお刺身にのせ、わさびがついていない面をしょうゆにつけるようにすると美しく、わさびの風味も引き立つと思います。

海外で和食が流行《はや》りはじめた頃、レセプションなどでお寿司やお刺身が出されると、「わさびだけ」をたっぷり食べてみせる方が必ずいらっしゃいました。「和食通」であることをアピールしたかったのかもしれませんが、わさびの味をよく知るものとしては、想像しただけで鼻の奥がツーンとしてしまったものです。

和食

焼き魚をひっくり返さない

お頭つきの焼き魚は、上の身を食べ終わったら、骨を外して下の身を食べます。お皿の上で裏返したり、骨をつけたまま下の身を食べたりするのはマナー違反です。骨を外すときは、左手で頭などを押さえて構いません。このとき懐紙を使うと指先が汚れず、見た目もきれいです。

食べ終えたら、頭や骨をお皿の隅へ寄せておきます。懐紙があれば、たたんでかぶせておきましょう。

骨などが残る魚料理でも、食べた後をできるだけきれいに見せる気配りは和食ならではのものかもしれません。アラブで骨の多い魚料理をいただいたとき、日本での習慣もあり、残った骨をていねいにお皿の隅に寄せておきました。「少しでもきれいに見えるように」というつもりだったのですが、同席者もレストランのスタッフも、まったく見ていない！　場所が変わればマナーも変わるんだな、と実感したことを覚えています。

和食　盛り合わせの料理は手前から奥へ

天ぷらやお刺身など、数種類が盛り合わせになっているものは、原則として「手前から奥」へ食べ進めます。美しい盛りつけがくずれないのはもちろん、そもそも「手前から奥」という流れでおいしく食べられるように、味が淡泊なものを手前、濃厚なものを奥に盛りつけてあるからです。

和食　「逆さ箸」で取り分けをしない

大皿の料理を取り分けたり、鍋ものを煮ながらいただいたりする際、自分のお箸をひっくり返して使うのはやめましょう。直箸では失礼なのでは、という気配りの表れでしょうが、「逆さ箸」はタブーとされている箸づかいのひとつ。手で持っていた部分が食べものに触れることを考えると衛生的とは言えないし、取り分けた後、上のほうが汚れたお箸を使い続けるのも気になります。必要な場合はお店の方に頼んで、取り分け用のお箸をもらいましょう。

和食 食べかけをお皿に戻すのはやめて

大きなものはお箸で切り分け、ひと口分を口に運ぶのが和食のマナー。でも、えびの天ぷらなどお箸で切れないものは、かじっても構いません。ただし、かじったものをお皿にもどすのはよくありません。食べかけのものはお箸で持ったままにし、口の中のものを食べ終えたらすぐに食べましょう。

和食 専門店でのお寿司や天ぷらはすぐにいただく

食事中は会話を楽しむことも大切ですが、作ってくださる方への気配りも忘れたくないもの。冷たいものは冷たいうちに、温かいものは温かいうちにいただくのが基本です。ゲスト側のマナーがとくに求められるのが、専門店でいただくお寿司や天ぷら。どちらも時間がたつと味や食感が損なわれてしまうので、「出されたらすぐにいただく」ことを心がけましょう。

和食

握り寿司は手でもお箸でも大丈夫

握り寿司は、本来は手でつまむものとされていますが、お箸でいただいても構わないと思います。迷ったときは、お店の雰囲気や同行者のやり方に合わせればよいのではないでしょうか。

握り寿司は、ひと口でいただくのがマナー。噛み切ったり、お箸で切り分けたりするのは避けましょう。ごはんがくずれてしまうので、しょうゆはネタだけにつけます。お箸を使う場合はいったんお寿司を横に倒し、左右からお箸ではさむようにすると、無理なく上下を返すことができます。

和食　麺類はすすっても平気

食事中に音を立てないのは、世界共通のマナーです。でも、日本の麺類だけは例外。蕎麦やうどんをすするのは、日本の文化です。「すする際に空気と触れることで、よりおいしくなる」と言われることもあるほどですから、堂々とすすっていただきましょう。

ちなみにラーメンはもともと中華料理ですが、日本式のラーメンは「和食」に分類されます。そのため、ラーメン店であればすすって大丈夫。中華料理のひと品として出された場合は、中国式のマナーに従いましょう。

中華　中華料理の取り分けは各自で

中華料理は、大皿から各自で取り分けるのが正式な食べ方です。目上の方だから、などと気をつかって他人の分まで取り分ける必要はありません。円卓が使われる場合、主賓の前から時計回りに料理を回していきます。

自分の前に料理が回ってきたら適量を取り分け、回転台を回して隣へ送ります。取り分け用の小皿は、料理ごとに変えましょう。回転台の上は、テーブルを囲む人全員の共用スペース。自分のグラスなどを置かないように注意しましょう。

中華 大皿には「おかわり」の分を残しておく

料理を取るときは、全員に行き渡るように量を調節します。1周ですべて取ってしまわず、おかわりできる分を残しておくようにしましょう。全員が一旦料理を取った後は、食べたい人がおかわりをして構いません。料理を取りたいときは、「失礼します」などと声をかけてから静かに回転台を回しましょう。

中華 レンゲは人差し指を上から当てて持つ

レンゲは、スプーンとは持ち方が違います。持ち手のくぼみに人差し指を当て、親指と中指で左右からはさんで支えましょう。スープや麺類のほか、チャーハンもレンゲでいただきます。

中華　中華料理は器を持ち上げないのが基本

中華料理の場合、持ち上げてよい器はごはん茶碗だけ。料理を取り分けた小皿も、持ち上げてはいけません。スープもごはん茶碗ほどのサイズの器にとり分けることがほとんどですが、器はテーブルに置いたまま、右手に持ったレンゲでいただきます。

中華　麺類はレンゲに取って口元へ

中華料理では麺類も大きな器で出され、各自が小さな器に取り分けます。いただく際は、左手に持ったレンゲに、お箸でひと口分の麺を入れます。レンゲを口元に近づけてから、音を立てないようにお箸で口へ運びましょう。スープを飲む際はいったんお箸を置き、レンゲを右手に持ちかえていただきます。

ビュッフェ　料理はてんこ盛りにしない

ビュッフェは、好きな料理を好きなだけ取り分けられるスタイル。でもだからといって、お皿に山盛りにするのはあまりスマートではありません。

ビュッフェの場合、何度料理を取りに行ってもいいのです。たくさん食べたいものがあったとしても、一度に取るのは避けるように。見た目も考えてほどよい量を取り、ひと皿食べ終えてからおかわりをするようにしましょう。

ビュッフェ　お皿の上の美しさも意識する

料理を取り分ける際は、盛りつけにも気を配りましょう。だれかと一緒にテーブルを囲む場合、お皿の上の様子も気になるものだからです。もちろんレストランの盛りつけのようにはいきませんが、少し意識するだけで見栄えがかわってくるものです。

ポイントは、彩りと余白です。食べたいものがいろいろあっても、一緒に盛りつけるのは2〜3種類にしておきます。お皿の上が茶色一色！なんてことにならないように、料理の「色」にも注意して選びましょう。

一度に取る量は、少なめに。お皿に余白を残すように盛りつけたほうが見た目が美しく、料理の味が混ざるのも防げます。

ビュッフェ　取った料理を残すのはマナー違反

料理の種類や食べる量を自分で決められるビュッフェでは、取ったものを残すのはマナー違反です。「おいしそうに見えたけれど、食べてみたら口に合わなかった」「途中でおなかがいっぱいになってしまった」なんて困った事態を避けるためにも、最初からたくさん取るのは避けたほうが安心。リピートしたいものはおかわりすればいいのですから、食べたいものを少しずつ取るのがおすすめです。

ビュッフェ　コース料理をイメージして料理を取る

用意された料理をよりおいしくいただくためには、料理を取る順序を工夫することも大切です。基本は、前菜（冷たい料理）↓メイン（温かい料理）↓デザート。レストランのコース料理をイメージして、料理を選ぶとよいでしょう。

料理はそれぞれ、いちばんおいしくいただける温度で用意されています。また、料理に合わせてお皿を冷やしたり温めたりしてあることも。味や食感を損ねないため、お皿の上にスペースがあっても、冷たいものと温かいものを一緒に盛りつけるのは避けましょう。

ビュッフェ　おかわりは新しいお皿で

同じ料理をおかわりする場合でも、料理を取るときは必ず新しいお皿を使いましょう。ビュッフェでは、お皿を何枚使ってもよいのです。

テーブルで料理を食べ終えて次の料理を取りに行く際、使ったお皿はそのままにしておけば下げてもらえます。タイミングが合わずに使用ずみのお皿がたまってしまった場合も、お皿を重ねたり使いまわしたりせず、お店の方に声をかけて下げてもらうようにしましょう。

第3章

TPOに合わせて

自分らしい装いを。

ファッションのマナー

袴のようなパンタロンで料亭に上がった二十歳の私

子どもが日本の小中学校に通っていた頃、学校の式典などでは、軽く「しまった！」と思わされました。なぜかというと、私以外は全員といっていいほど「紺のワンピース」や「紺のスーツ&白いブラウス」という姿だったからです。

もちろん私だって大人ですから、とんでもない服装で行ったわけではありません。ただちょっと、スーツの色が淡かったり、インナーが華やかなデザインだったり、お気に入りのブローチをつけていたりしただけです。決して派手な服装ではないのに、紺と白で統一された保護者の中では明らかに浮いていました。

ただし、私が「しまった！」と感じたのは、子どもがいやがるだろうな、と思ったからです。思春期の子どもにとって、親が悪目立ちするのはうれしくないでしょうから。私自身は、とくに居心地の悪さを感じることはありませんでした。

その理由は、自分の服装がマナー違反ではないという自信があったからです。「紺のスーツ着用」と決められていたわけではないのですから、ただ「皆と違う」というだけの理由で不安になる必要はない、と思えたのです。

もちろん、周りに合わせて紺のスーツを着る、という選択もあってよいと思います。でも、「この場にはこれでも大丈夫」というTPOの感覚に自信をもつことができれば、自分らしいおしゃれをもっと楽しめるのではないでしょうか。

とはいえ、こう思えるようになるまでにはたくさんの失敗をしました。中でも忘れられないのが、二十歳のときのこと。お世話になっていた習いごとの先生に食事に誘っていただき、自分なりにおしゃれをして出かけました。ところが会食の場所は、料亭のようなお店！　そして間の悪いことに、その日の私の「おしゃれ」は、その頃流行っていたワイドパンツ&素足に高いヒールのサンダルだったのです。

お店の入り口で靴を脱いでからは、まさに悪夢。素足できまりが悪いのはもちろん、パンツは、ハイヒールに合わせることが前提のデザインです。広がった長い裾を引きずって歩く姿は、まるで長袴《ながばかま》をはいた侍。廊下を歩く間ずっと、「殿中でござる！」という『忠臣蔵』のセリフが頭の中をグルグル回っていました。

「身だしなみ」と「ファッション」は別のもの

「身だしなみ」は、周りに不快感を与えないためのものです。基本は、清潔感がある服装やメイクを心がけること。身につけているものがTPOにふさわしいことも、身だしなみの範疇《はんちゅう》でしょう。

これに対して「ファッション」は、自分のためのもの。個性を表現し、自分自身が気分よく過ごせるアイテムを自由に選べばよいのです。

大切なのは、バランス感覚です。「身だしなみ」の基準を満たしていない服装は、自分も居心地が悪くなるので避けるべき。でも、失敗しないことだけを考えて「皆と同じ」ものを選ぶ必要もないのです。

一流レストランにTシャツ&ジーンズで行くのはだめだけれど、リクルートスーツは黒でなくたっていい……。自分なりに、こうした判断基準をもつことができると、おしゃれの幅が広がります。

あらたまった場であっても、「身だしなみ」の基準をクリアしたうえで「ファッション」の要素を加えていくことは許されます。最初は少しドキドキするかもしれませんが、「ここまでなら大丈夫」と思えるファッションを試してみてください。たとえほんの少しであっても、自分らしさを表現することは自信につながります。そして経験を重ねて自信が深まるほど、ファッションを自由に楽しめるようになると思います。

いざというときに備えて「万能ワンピース」を一着

とはいえ、「この服でよかったのかな?」などという不安があると、その場を楽しむことができなくなってしまいます。そんな不安を解消するために用意しておくと便利なのが、「万能ワンピース」です。色は黒や紺など落ち着いたものを。張りとツヤのある素材でシンプルなデザインのものがおすすめです。スカート丈は、膝がちょうど隠れるぐらいを目安に。ダボッとしたシルエットはカジュアルな印象を与えるので、適度にフィットするものを選びましょう。

こうしたワンピースがなぜ「万能」なのかというと、アクセサリーをかえたり、スカーフや羽織りものなどを加えたりすることで、さまざまな着こなしができるから。目上の方との会食からカジュアルなパーティまで、1着で自信を持ってカバーすることができます。

「万能ワンピース」の考え方

プライベートな集まりなら堅苦しく考える必要はありませんが、あらたまった場では、服装に一定のルールがあります。

原則として昼間は、ラメなどの入った光る素材の服や、強く光るアクセサリーは身につけません。また、ニットやジャージなど伸縮性のある素材の服は、フォーマルな席には不向きなものとされています。

こうしたルールのどこまでを守るべきと考えるかは、人によって違います。それほどこだわらない方も増えているように思いますが、厳しい目をもっている方もいるでしょう。そのため「万能ワンピース」は、あえて冒険しないほうが、着回しがきくものになると思います。

リトルブラックドレスを「万能ワンピース」に

黒一色のシンプルなワンピースは、「リトルブラックドレス」とも呼ばれ、世界中で多くの女性が愛用しています。とくにニューヨークでは、パーティなどに集まる女性が、みんな黒一色！ということも。大人の女性の必需品として暮らしに根付いていることを実感し、ニューヨークに住む娘にも黒いワンピースを勧めたことを覚えています。

「リトルブラックドレス」という呼び名がつけられたのは、それまで「喪服」と考えられていた黒い服がシャネルによってファッションアイテムとして発表され、多くの女性に支持されたから。それ以来、「ドレスアップの永遠の定番」として認められているので、最初の「万能ワンピース」にリトルブラックドレスを選ぶのはよい方法だと思います。

条件ではなく「好き」で選ぶ

持っておくと安心な服として用意しておきたい「万能ワンピース」ですが、安心感だけを求めて選ぶのはおすすめできません。黒くてシンプルで、ほどよい丈で、張りとツヤのある素材で……などの条件を満たしていればなんでもいい！というわけではないのです。

なにより大切なのは、その服を「好き」と思えることです。ただの便利な服ではなく、自分を素敵に見せてくれる服を選んでみてください。

好きな服を着ると、自然に「自信のスイッチ」が入ります。スイッチが入ることで堂々とふるまうことができるようになり、その経験がさらに自信を深めてくれます。すると、次はこんなアクセサリーを合わせてみようかな？などというアイデアも湧いてきて、いつのまにか「万能ワンピース」を自分らしく着こなせるように。さらに、「万能ワンピース」から一歩進んで、自分のセンスで選んだ一着も自信をもって着られるようになっていくと思います。

「万能ワンピース」はちょっとよいものを

「高価なもの＝よいもの」とは限りませんが、「万能ワンピース」に関しては「一点豪華主義」になってもよいかもしれません。ある程度きちんとしたものを用意しておくことは、「これならどんな場にも着ていける」という安心感や、「これを着れば素敵に見える」という自信につながるからです。

流行のデザインの服は寿命が短いけれど、「万能ワンピース」のようなシンプルな服は、長く着ることができます。素材のよいものを選べば5年、10年と着続けることが可能。最初に少し頑張ってよいものを買っておけば、長い間「一軍」のアイテムとして活躍してくれるのです。長い目で見ると、上手なお買いものだと言えると思います。

シンプルな服ほどフィッティングが重要

シンプルなデザインの服ほど、「体に合っているかどうか」で見え方がかわってきます。「万能ワンピース」を、自信をもって着られるものにするためには、購入の際に「お直し」をして自分仕様にカスタマイズするのがおすすめです。

最近はサイズが細分化された製品もありますが、既製品がジャストフィット！とはいかないこともあるでしょう。洋服は基本的に、ある程度までは丈や幅の調節が可能。たいていのお店で対応してもらえます。自分のスタイルに合わせてちょっとお直ししてもらうだけで着心地がよくなり、美しく着こなせるようになります。

「きちんと感」重視の場にはスーツが便利

プライベートのお出かけではなく、仕事がらみのお付き合いなら、スーツが便利です。ワンピースと同様、流行に左右されない、シンプルできちんとしたものを持っておくと安心です。

スーツの場合、インナーをかえれば、カチッとした雰囲気にも華やかな印象にもなります。ジャケットだけ、スカートまたはパンツだけでも着られるデザインのものを選ぶと、着回しの幅も広がりますよ。

洗えて、着回しがきいて、好きな服を選ぶ

服を買うときのポイントは人それぞれだと思いますが、私は3つのことを重視しています。

私の場合、いちばん大切なのが家で洗えること！ 海外では、日本のクリーニング店のような技術やサービスは期待できず、服を汚されたりなくされたりしたことが何度もありました。それ以来、特別なときに着るワンピースやスーツ以外は、自分で手入れができることが絶対条件。洗濯機で洗い、アイロンをかけずに着られるのが理想です。

2つめが、着回しがきくこと。楽に着られるものでも、ほどよいきちんと感のある素材・デザインなら外出着にもなります。手持ちの服やアクセサリーとの組み合わせを考え、5パターンぐらいのコーディネートが可能なものを選ぶようにしています。

3つめが、好きなものであること。着回しの条件が「5パターン」というと多いように感じるかもしれませんが、長年、「好き」をベースに服を選んでいれば、自然に統一感が出てくるものです。「どれを組み合わせてもしっくりくる」クローゼットをつくるためにも、常に気に入ったものを選ぶことは大切だと思っています。

アクセサリーに迷ったら小さくても上質なものを

アクセサリーに関しても、「これをつけていって大丈夫かな?」と迷いを感じるうちは、安心してつけていられるものを選ぶのが正解だと思います。おすすめは、パールのネックレスやイヤリングです。パールのアクセサリーは、つける場所や相手を選ばない万能アイテム。私は、長さやサイズを変えていくつか揃えています。

ジュエリーは、身につけることで自信を感じられるもののひとつです。あらたまった場でもつけられる「基本のアクセサリー」として持っておくなら、小さくても上質なものを選びましょう。

自分らしさの主張はアクセサリーから

失敗したくない場に「自分らしい服」を着ていくのはハードルが高い……という人は、「自分らしいアクセサリー」をつけることから始めてみるのがおすすめです。万が一失敗しても、洋服ほど目立つことはないし、どうしても気になるなら外してしまうことだってできるからです。

私は遊び心のあるアクセサリーが好きで、これまで暮らしてきた土地で手に入れたお気に入りがたくさんあります。シルバーやビーズを使ったアラブ風の大ぶりなアイテムや、トルコの伝統的なレース編み「オヤ」で作ったネックレス、友人が廃物を利用して作ってくれたおしゃれなブローチ……。

どれも個性的なデザインですが、普段着だけでなく、フォーマルな服にも合わせることがあります。パーティなどでは、「素敵なネックレスですね」「どこで買ったの？」と、初対面の方とのよい話題にもなります。

「基本のアクセサリー」に上質なものをおすすめしたいのは、よいものを身につけることで自信を持てるから。それに対してファッションとして楽しむアクセサリーは、「好き」を重視すればよいのではないでしょうか。

たとえば「大人の女性にシルバーはふさわしくない」などといわれることがありますが、私はシルバーも大好き。好きなものだから、どこでつけていても気後れすることはありません。ちょっと個性的で大ぶりなものをかなりフォーマルな場所にもつけていきますが、失敗したことはなかったと思います。

デートには自分らしいおしゃれを

目上の方や、まだそれほど親しくない方と同席するような場合の服装選びは、相手に不快感を与えないように、という気配りが大切です。けれど、デートの場合は話が別！　もちろんＴＰＯはわきまえるべきですが、自分を理解してもらうことも大切です。

ファッションは自己表現でもあるのですから、自分らしい味つけも必要だと思います。万能ワンピースに控えめなアクセサリーという「安全第一」のファッションは、素敵に見えても、個性はあまり感じられないことも多いのです。デートのときは自分が好きなもの、自分を魅力的に見せてくれるものを選んで、思いきりおしゃれしてみてください。

自分が好きな服を着ると、自然に気分が上がるもの。楽しい気分になれば笑顔も増え、一緒に過ごす時間がより楽しいものになると思います。

フォーマルな場にふさわしいのはプレーンなパンプス

心配のない装いを目指すなら、足元はプレーンなパンプスが正解です。つま先が開いたものやバックストラップでかかとが見えるものは、フォーマルな場にふさわしいとはいえません。サンダルやブーツも避けましょう。

また、フラットシューズはカジュアルなものとされています。低くてもよいので、ヒールのあるものを選ぶと安心です。

靴を履く前に状態をチェック

靴はデザインだけでなく、きちんとお手入れされているかどうかも重要なポイントです。履く前に、汚れていないことはもちろん、つま先やヒールに傷がついていないか、ヒールの底のゴムがすり減っていないかなどをチェックすることを習慣づけましょう。

靴は気づかないうちに傷んでいることが多いものです。できれば、帰宅後すぐにブラシなどでホコリを払い、その際に状態を確認しておくとよいでしょう。

また、とくに靴を脱ぐ場に行く際は、中敷きのチェックも忘れずに。汚れている場合は、拭き取れる汚れは拭いておきます。拭いても汚れが目立つなら、メーカーや靴修理店などで中敷きの交換をしましょう。

きちんとした装いにはストッキングを

海外では、いわゆる「肌に近い色ストッキング」をはく女性はほとんどいません。寒い季節にタイツをはくことはありますが、それ以外は、素足でパンプスを履いている方が多いのです。

ですが日本では、ビジネスシーンを含め、きちんとした装いが求められる場では「生足」はダメとされることがほとんどなのではないでしょうか。海外の常識とはズレがあるかもしれませんが、これは日本の暮らし方に合わせた合理的な考えから生まれたマナーなのではないかと思います。

海外と日本の生活の大きな違いは、靴を脱ぐ場面があるかどうかです。海外では、自宅以外の場所で靴を脱ぐことはまずありません。けれど日本では、靴を脱いで上がるお店もあるし、他人の家を訪ねたときも靴を脱ぐことになります。その際にはだしだと、やや不潔感を抱かせてしまいます。薄いストッキングであっても、足を覆っておくことで、お店や他人の家を汚さないようにしている気配りを伝えることができると思うのです。

タイツはカジュアルなアイテム

肌が透けるストッキングはフォーマルなアイテムですが、厚手のタイツは、ややカジュアルなものとされています。それはわかっているのですが、私は寒い季節に行われる子どもの学校の式典には、タイツで参加していました。

マナー違反かもしれないけれどやめられなかった理由は、寒いから！　学校のホールは、エアコンをきかせていてもかなり寒いのです。私以外の保護者は皆ストッキング姿だったので、さすがに気まずさを感じました。でも、寒いのと居心地が悪いのはどっちがつらいか？と言えば、私にとっては寒いほうがつらい！そして禁止されているわけではないのだから、というわけで、心の中でマナー違反をおわびしながら、冬の式典ではタイツを愛用していました。

基本のバッグは黒の革製

バッグ選びに迷ったら、定番として黒い革製のハンドバッグを用意しておくとよいでしょう。金属の留金などがついていないシンプルなデザインのものなら、合わせる服を選ばず、さまざまな場面で使うことができます。サイズは、レストランなどでテーブルまで持っていける小ぶりなものを。収まり切らない荷物は別のバッグに入れて「2個持ち」しましょう。

クラッチバッグもフォーマルな場で使えるアイテムですが、片方の手がふさがってしまうため、立食パーティなどで使いにくいという弱点があります。「基本のバッグ」としてなら、腕にかけられる長さの持ち手がついたハンドバッグが便利だと思います。

お出かけ前には全身をチェック

服、靴、アクセサリー、バッグ。ひとつひとつは素敵でも、一緒に身につけるとなんとなくバランスがよくない、ということもあります。できれば姿見を用意し、外出の準備が整った段階で全身をチェックしてみてください。ヒールの高さなどによって印象が変わるので、靴も履いた状態で確認するのが理想です。

オンライン会議用に襟なしジャケットを

リモートワークが広まり、仕事用の服装の基準もかわってきました。在宅勤務なら服装は自由。でも、オンラインでの会議や商談の際、何を着るべきか迷うこともあるのではないでしょうか？

在宅とはいえ仕事中であることを考えると、カジュアルすぎる服装は不適切。でもだからといって、スーツ姿も不自然です。

会社のルールや一緒に仕事をする方々の雰囲気にもよりますが、ある程度の「きちんと感」を求められるなら、薄手の襟なしジャケットを用意しておくと便利だと思います。

テーラードジャケットよりソフトな印象なので、自宅で着ていることにそれほど違和感はありません。ニットやカットソーなど、襟なしのインナーと相性がよいこともうれしいポイントです。自宅で仕事をする日は楽に過ごせるカットソーなどで過ごし、必要なときだけジャケットを羽織るようにしてみてはいかがでしょうか。

ネイルのデザインもＴＰＯに合わせて

指先までお手入れが行き届いている女性は、とても素敵です。ネイルサロンへ行けば爪の長さや形も選べるため、好みに合わせてさまざまな爪のおしゃれができるようになりました。

自分のためのおしゃれなら、好きなものを自由に楽しんでよいと思います。でも、フォーマルな場や目上の方と同席する場では、相手に与える印象にも気を配るのがマナーです。

極端に長かったり、華やかにデコレーションされていたりするネイルは、人によって受け止め方が異なります。とくに会食の席では同席者の手元がどうしても目に入り、気になってしまうこともあります。

華やかな爪がマナー違反というわけではなく、「同席者に受け入れていただけるのはどのレベルまでか」を考えてみることが大切。服装や香りと同様、ネイルもTPOに合わせて楽しむべきものだと思います。

足のネイルは自分のために

手元のネイルはTPOを優先するべきときがあると思いますが、ペディキュアはいつでも自由に楽しめます。原則として、フォーマルな場にオープントウの靴を履いていくことはないので、365日、自分のためのおしゃれが可能なのです。

私の場合、マニキュアはナチュラルなものを選ぶことが多いけれど、ペディキュアは真っ赤なものが好き。サンダルなどを履かない季節でも、足の爪だけは派手めです。

人目に触れる機会がほとんどないのに、なぜペディキュアを欠かさないのかといえば、これはもう自己満足のため。見慣れた自分の足先なのですが、爪を華やかにしておくと、自然に気分が上がるのです。

好きな香りをお守りに

外出前の準備の仕上げに、私は耳の後ろに香水をつけます。香りの好みは人それぞれなので、自分だけに香る程度にしておきたいもの。耳の後ろなら顔に近いので、ほんの少しつけるだけでふわっと香りを感じることができます。

自分の香りはこれ、と決めている方もいますが、私は、好きな香りを数種類用意しています。そして、緊張する場に行くときはリラックスできる香り、元気が出ないときは明るい気持ちにしてくれる香り……などと、その日の気分に合わせて使い分けることも楽しみのひとつになっています。

香りには記憶や感情を呼び起こす作用がある、というのは本当だと思います。私は中学一年生のとき、父に連れられて初来日したメトロポリタンオペラを鑑賞しました。そのときに少し背のびしてつけたジャスミンのコロンの香り。その後、その香りをかぐと素晴らしい歌に感動したことや、終わってから、素敵なお店で食事をしたうれしさなどが鮮明によみがえることがわかりました。その幸福感を味わいたくて、その後も似た香りの香水を愛用していたものです。

よい経験やよい気分につながる香りは、「お守り」のようなもの。自分を元気にし、自分への自信も思い出させてくれると思います。

第4章

人間関係のベースは思いやり。

身近な方とのお付き合い

クスッ、という笑いが温かい関係づくりのきっかけに

「お付き合い」は、人と人との間で成り立つものです。考え方や価値観は人それぞれで、表現のしかたや受け止め方も自分とは違います。理屈抜きの「相性」が関わってくることもあるでしょう。

でも、難しいからこそ楽しいのが、お付き合いなのだと思います。よい人間関係をつくるために大切なのは、お互いに温かい気持ちをもつこと。私はそのためにも、「おもしろいこと」を見つける気持ちをなくさないようにしています。

いつも「失礼のないようにしなければ!」などとシリアス一辺倒では、息が詰まってしまいます。相手へのリスペクトを忘れてはいけないけれど、ユーモアも大切。肩の力を抜いて、ちょっと楽しい言いまわしを工夫したり、ときには失敗談を披露してみたり……。一緒にクスッと笑える瞬間を提供することも、相手へ

の思いやりを示す方法のひとつなのではないかな?と思います。

数年単位で住む国がかわる生活では、常に新しい人間関係づくりが必要でした。お付き合いをスタートさせたり、相手との距離を縮めたりするきっかけづくりとして役立つもののひとつが、小さなプレゼントです。

たとえば新しい国に行くときは、日本からのお土産を多めに用意していきます。選ぶポイントとして私が意識していたのは、相手が気軽に受け取れる安価なものであることや、多くの人に役立つ日用品であること、そして「ちょっと楽しい」ものであることとです。

実際に贈ったときに喜ばれたのは、動物の形の輪ゴムやおしゃれなデザインの紙製クリップ、針がいらないステープラー(ホチキス)、字が消せるボールペンなど。どれも数百円程度のものですが、日本ならでは!という技術やセンスが感じられるアイテムです。「ちょっとおもしろいかな、と思って」と手渡すだけで、品物を選んだ私の「これからも仲よくしてくださいね」の気持ちが伝わるのだと思います。相手も「わあ、これは何?」「かわいいわね!」と笑顔になっておしゃべりが始まり、場の雰囲気がぬくもりのあるものに変わっていったものです。

「ありきたりの話題」は会話の入り口にぴったり

食事やお茶を初めてご一緒する方の場合、話題選びに迷うことがあるかもしれません。自分から話題を提供する際のコツは、「お互いに話せるテーマ」を取り上げることです。今日のお天気のこと、今いるお店のこと、相手の服や持ちもののこと……。確実に返事が返ってくることを会話の入り口にしてみましょう。

たとえば、まずは「最近、すっきりしないお天気が続きますね」と言ってみる。相手が「そうですね。雨が降ると犬の散歩に行けなくて困るんです」と答えたら、ペットの話で盛り上がれるかもしれません。「でもお天気が悪いと紫外線が弱まるから、お肌にはいいんじゃないかしら?」と答えたら、スキンケアの話につなげていけそうです。

大切なのは自分の話で楽しませなければ!と頑張ることではなく、相手から返事をもらうこと。ありきたりの話題からスタートしても、相手の言葉に応じて話題を広げていけば、自然におしゃべりを楽しめますよ。

プライベートには踏み込まない

共通の話題を探っている段階で注意したいのは、プライベートに踏み込まないことです。家族のこと、出身地や住んでいる場所、年齢などについて質問するのはマナー違反です。自分のことを話すのは構いませんが、「で、あなたは？」などと聞くのは感心しません。自分が話したのだから相手も話すのが当然、というわけではないのです。

また、やはり政治や宗教の話題も避けたほうがよいでしょう。政治についてては以前ほどタブー視されなくなっているようですが、意見が合わなかったときにどう感じるかは人それぞれ。話題にする場合も、ある程度、相手の人柄や価値観を知ってからのほうがよいと思います。

自分が知らないことは、よい話題

相手が話題を提供してくれた場合は、それに合わせて会話を楽しみましょう。仮に、自分がまったく知らない分野のことでも大丈夫。むしろ、知らないことはよい話題といえるぐらいです。

知らないから、わからないからと退屈そうな態度をとったりせず、自分が興味を持てそうなことを見つけてどんどん質問してみましょう。興味を持って相手の話を聞いていると、必ず知りたいことが出てくるものです。

たとえばゴルフをまったく知らなくても、「スコアの〝○オーバー〟というのはどういう意味なのですか？」「○○さんのベストスコアはどのぐらいですか？」といった質問ならできるでしょう。

自分が興味のあることについて質問されるのを不快に思う人は、まずいません。同じテーマについて、自分から話せる材料を持っていなくても大丈夫。「たまに質問して、答えていただく」というスタイルでも、話は弾むのです。

小さなプレゼントは相手のことを考えて選ぶ

ちょっとしたプレゼントのやりとりは、親しさを深めていくのに役立ちます。ただし、あらたまった贈りものではないからこそ、相手のことを思って選ぶ気持ちが大切。「とりあえず何か渡しておけばいいや」という姿勢では、相手との距離は縮まりません。こうしたプレゼントでやりとりしているのは、「もの」ではなく、相手を喜ばせたいという「気配り」なのです。

いろいろな国に住んだ中で、贈りもの上手な方が多かった印象があるのがスイスです。小箱のチョコレートに季節感のある柄のハンカチを添えてくれたり、ハーブのアレンジメントを持ってきてくれたり……。私の好みに合わせて選んでくださったことが伝わってきて、心から「ありがとう」と言いたくなりました。

相手の好みや生活スタイルを考え、「気に入ってくれるかしら?」と悩むことは、贈る側の楽しみでもあります。贈り手のセンスが問われる部分でもあるので、楽しみながらじっくり選んでみてください。

プレゼントは後に残らないものを

日常的にやりとりするプレゼントは、「後に残らないもの」を選ぶのが正解だと思います。私がよく贈るのは、小さなフラワーアレンジメントやお菓子類です。相手の好みなどを十分に考えて選んだとしても、絶対に気に入ってもらえるとは限りません。そもそも必要ないものだったり、似たものを持っていたりすることもあるでしょう。親しい人からのいただきものは、好みに合わなくても処分しづらいものです。「残るもの」は、贈られた側にとって大きな負担になる場合もあることを覚えておきましょう。

プレゼントに添える言葉で喜びも大きく

小さなプレゼントの価値をより高めるのが、渡す際の贈り手の言葉です。ただ、「はい、どうぞ」と渡してもいけなくはありませんが、それでは相手が戸惑うかもしれません。

バースデイプレゼントなどと違い、予想していないときに贈られるわけですから、いきなり渡されたのでは、うれしさよりも驚きが先に立ってしまいます。でも、「あなたが気に入りそうなものを見つけたから」「この前、チョコレートが好きだっておっしゃっていたから」などのひと言が添えられれば、素直に「わあ、どうもありがとう！」と喜べます。恥ずかしがったり謙遜しすぎたりせず、「あなたのために選びました」という気持ちを伝えるようにしましょう。

気配りには気配りでお返しを

お付き合いを続ける中でやりとりする小さなプレゼントには、形式ばったお返しは不要です。いただいたとき、心からお礼を言えば十分でしょう。

でも、相手の気配りには自分も気配りで応えたいもの。「お返し」としてではなく、相手の好みに合いそうなものを見つけたときに機会を見つけてプレゼントするなどの工夫を。気分よくお付き合いをしていくためには、「お互いさま」と思い合える関係を保つことも大切です。

配送する贈りものにはメッセージを添える

離れたところに住む友人へのプレゼントや、旅先からの贈り物などを配送する際は、メッセージを添えましょう。贈りものにメッセージカードを同封してもいいですし、配送するものとは別にカードやメールを送ってもよいと思います。カードやメールは、必ず、贈りものが配送される日より前に相手の手元に届くようにします。なんの予告もなしに、メッセージも添えられていないものだけ届いたのでは、相手を驚かせてしまうからです。

身近な人の悪口は言わない

お付き合いには、トラブルもつきものです。他人同士が集まってコミュニティを作り上げている以上、トラブルをゼロにすることは、残念ながら不可能です。

運悪く、自分が巻き込まれてしまうこともあるでしょう。
自分でできるトラブル予防策として心がけたいのが、他人の悪口を言わないこと。……とは言っても、不快な思いや不満がたまってくれば、どこかで吐き出したくなるのが自然です。がまんしきれないときは、遠くに住む友人など、自分と人間関係を共有していない人にグチを聞いてもらうようにしましょう。

たとえばAさん、Bさんと自分が同じコミュニティに属している場合、絶対にしないほうがよいのは、Aさんの悪口をBさんに言うこと。仮にBさんが自分と同意見であっても、やめておくのが正解です。Bさんの意見がかわることもあるし、Bさんがあなたから聞いたことを他のだれかに話す可能性もあるからです。ネガティブな発言は尾ひれがついて広まりやすく、自分の評判を落とすことになりかねません。悪口を言わないことは、自分を守ることにつながるのです。

聞かされた悪口には同意しない

自分では悪口を言わないようにしていても、悪口を聞かされてしまうことはあるかもしれません。そんなときに注意したいのは、決して同意しないことです。心の中で「そうそう！」と思っていたとしても、態度に出してはいけません。「あなたもそう思わない？」のように聞かれたときも、うかつに「ええ」などと言わないように注意。軽い相槌のつもりでも、相手には「同意した」と受け止められてしまうことがあるからです。

おすすめは、やんわりと「そうかしら？」。何を聞かされても悪口には乗ってこない人、というイメージを作り上げてしまいましょう。

不快な言動は気づかないふりでスルー

露骨に攻撃してくるわけではないけれど、遠回しに不快なことを言ってくるような人への対処は、難しいもの。ストレートに抗議しても、「そんなつもりじゃなかった」などと言われたらそれまでです。

こうした場合、私は「気づかないふり」をしてやり過ごします。言い返したり相手の悪口を言ったりせず、淡々と過ごしていれば、自分をわかってくれる人が必ず出てくるもの。その後は、安心して関われる人とだけお付き合いを続ければよいのではないでしょうか。

「合わない人」にもにこやかに接する

どんなに人柄がよくても、自分が出会うすべての人から好かれることはできません。一定の努力は必要ですが、「合わない人」とは割りきったお付き合いをすることも現実的な対処法だと思います。

私の場合は、まず相手が自分を好きではないことを受け入れ、相手の言動は気にしないようにします。そのうえで、自分はにこやかに接し、悪口も絶対に言いません。こうしたスタンスをとることで、かえって気持ちが楽になったり、自然に関係が改善したりすることもあります。

どうしてもお付き合いを続けるのが難しいと感じるときは、徐々に距離を置き、そっとフェイドアウトすればよいのではないでしょうか。ただしその場合も、最後まで礼儀正しい態度をとることだけは心がけるべきだと思います。

親しくなりたい人は自分から誘って

もう少し親しくなってみたいな、と感じる人に出会ったときは、自分から誘ってみましょう。おすすめは、「あのお店のケーキがおいしいらしいから、この後、ご一緒しない？」のように、具体的に誘うこと。「いつどこで、何をするのか」が伝わったほうが、相手も返事をしやすくなります。反対に、「今度お茶でもしましょう」のような言い方は、あまりおすすめできません。本気で誘っているのではなく、社交辞令のように受け止められてしまうことが多いからです。

自分から誘うのが苦手、という方は少なくありませんが、だれかを誘うときにドキドキする気持ちは、皆同じです。都合が悪くて断られることはあるかもしれませんが、誘われたことを不快に思う人はいないはず。「誘ったら迷惑かな？」などと気をつかいすぎる必要はないと思います。

一度でもお茶や食事を一緒にすると、相手との距離がぐっと縮まります。少し勇気がいるかもしれませんが、人間関係を広くよりよいものにしていきたいなら、自分から働きかけることも必要です。自分から誘える人は、人から誘われることも増えていくものですよ。

誘いを断ったら、次は自分から誘う

だれかに誘ってもらったけれど、どうしても都合が合わずに断ってしまった、ということもあるでしょう。そんな場合は、折を見て自分から誘うようにすると喜ばれると思います。

誘った側にしてみれば、誘いを断られると、その後は少し誘いにくくなるものです。もう一度誘われるのをじっと待っているだけでは、相手を「この前は都合が悪いと言っていたけれど、本当は私とお茶をしたくなかったのかな？」なんて気持ちにさせてしまいかねません。自分にも親しくなりたい気持ちがあることを示すには、「誘い返す」のがいちばんだと思います。

簡単なのは、誘いを断らなければならないときに、次の約束をしてしまうこと。「ごめんなさい、今日は都合が悪いのだけれど、来週なら大丈夫。月曜日以降で、ご都合のよい日があればご一緒しませんか?」などと言ってみてはいかがでしょうか。行きたくないから断っているわけではない、ということが伝わり、相手も安心してくれるはずです。

食事会には行ったことのあるお店を選ぶと安心

身近な方とのカジュアルな食事会をセッティングする場合、私は自分が行ったことのあるお店の中から候補を絞ることにしています。

グルメサイトなどを見ればそれなりに情報収集することはできますが、店内の雰囲気やサービスの質などは、実際に行かないとわからないもの。せっかく集まったのに、にぎやかすぎて会話がしにくかった……なんてことになったら皆をがっかりさせてしまいます。

気心の知れた友だち同士ならどんな場所でも楽しめるでしょうから、冒険するのもよいと思います。でも、これから親しくなりたい、というような関係の方が集まるのなら、ある程度様子がわかるところにしておいたほうが安心です。

お店選びをする際は予算にも気を配る

食事会のお店選びは、なかなか難しいものです。料理やお店の雰囲気の好みは人それぞれですし、予算の面も無視することはできません。参加者全員に満足してもらおうとすると、お店を絞り込めなくなってしまいます。

私が仕切り役になったときは、自分が「ここならおすすめできる」というお店の候補を複数挙げて、参加者の意見を求めることにしています。その際、各店の情報が見られるサイトのURLを参加者全員で共有するとスムーズ。メニューや店内の様子、おおよその価格なども、参加者自身にチェックしてもらうことができるからです。料理の好みなどとは違い、予算の希望は言い出しづらいもの。でもお店のサイトで確認できるようにしておけば、気まずい思いをせずにすみます。

その後、それぞれ行きたいお店を選んでもらって多数決で決定。皆で決めたことになるので、参加者からの不満も出にくいのではないでしょうか。

候補を挙げる際に気をつけたいのは、お店のバリエーションをつけること。食事のジャンルや価格などに、あえてバラつきをもたせておきましょう。

お酒は自分の好み&ペースで

お酒の楽しみ方の基本は、「無理をしない・させない」こと。飲みたくない人は、遠慮なくノンアルコールのドリンクを選びましょう。お酒が好きな方は、善意からどんどん勧めてくることがありますが、無理をしてペースを合わせる必要はありません。自分の好きなものを、自分のペースで飲みましょう。

お酒が飲めない方への気配りも大切

大勢でお酒を楽しむ場では、「自分だけ別のものを注文するのは失礼かもしれない」という遠慮から、お酒が飲めないことなどを言い出せない場合もあります。グラスの中身が減っていない方がいたら、「何か別のものをお飲みになりますか?」などと声をかけてみましょう。他人からの働きかけがあれば、自分が飲みたいものを注文しやすくなるでしょう。

料理を取り分けるかどうか迷ったら「お先にどうぞ」

目上の方と料理をシェアするとき、相手の分まで取り分けるべきか？と迷ったことがある方は、少なくないと思います。こんな場面での私のおすすめは、「どうぞ、お先にお取りください」と声をかけること。このひと言で、「それぞれで取り分けましょう」という気持ちが伝わりますし、「お先に」と勧めることで相手への敬意も示せると思います。

相手が取り分けてもらうことを期待していそうな場合は、さらに「お取り分けしましょうか？」と聞いてみてもよいかもしれません。あらためて言われると、「はい、お願いします」とは言いにくいもの。「いえ、お気づかいなく」と答える方が多いのではないでしょうか。

ごちそうしていただくときも支払いの意思を示す

相手が食事代の支払いをすませてくれた場合も、「お支払いさせてください」「おいくらでしたか？」などのひと言は大切です。たとえ最初からごちそうしてくださるつもりだったことが明らかだったとしても、「ごちそうされて当然」のような態度は、あまり印象がよくありません。

ただし、支払う意思は一度見せれば十分です。「でも、申しわけないから」などと何度も言われるのは、相手にとって気まずいもの。「今日は私が」と言ってくださったときは、感謝して素直にごちそうになりましょう。

お礼はその場だけですませない

「ごちそうしていただいた場合は、「ごちそうさまでした。どうもありがとうございます」と、感謝の言葉を伝えます。日常的に会う機会があるなら、次に会ったときに「先日はごちそうさまでした」と、あらためてお礼を。あまり会う機会がない場合は、帰宅後にメールなどでお礼を伝えます。メールなどのやりとりができない相手の場合は、お礼のカードを送るとよいでしょう。

一緒に食事やお茶をする機会が多い相手なら、次は自分がごちそうするなどの気配りを。それが難しい目上の方などからごちそうされることが続いた場合は、小さなプレゼントなどで感謝を伝えましょう。

紹介してくれた方への報告を忘れない

人間関係は、紹介によって広がっていきます。「あなたと気が合いそうな方がいるから」「あなたが興味をもっている○○にくわしい方がいるから」のように、身近な方がつないでくれることによって、新しい友人をみつけたり、これまで知らなかった世界に足を踏み入れたりすることができるのです。

たとえば、Aさんから紹介してもらったBさんと親しくなった場合、Aさん抜きでBさんと会うことも出てくるでしょう。初めてAさん抜きで会ったときは、

Aさんに伝えることを忘れずに。「先日はBさんを紹介してくださってありがとう。週末、食事をご一緒したら、とても楽しかったの」などと簡単な報告をし、あらためて、紹介してくれたことへのお礼の言葉も添えましょう。

紹介者は、引き合わせたふたりがどうなったか、気にかけているものです。新しい友人ができたのは紹介してくれた方のおかげなのですから、関係を深めていく場合は、ひと言伝えておくのがマナーです。

「友だちだから」と他人のスキルを利用しない

親しい友人とは、助け合う場面も出てきます。でも友だちだからと、なんでも「ありがとう」だけですませてしまっていいのでしょうか？

とくに注意したいのが、だれかの「スキル」を借りるとき。たとえば、写真が得意な友人に結婚パーティのスナップ撮影をお願いするような場合です。頼まれた人にしてみれば、撮影で忙しくてパーティを楽しめないはず。参加費を払ってパーティに来ているのに……と複雑な気持ちになってしまうでしょう。どうしてもその友人に撮影してほしいのなら、ゲストではなくカメラマンとして参加してもらい、撮影の謝礼を支払うことを提案してみましょう。

ブティックを経営している友人に、「この洋服をちょうだい」とは言わないはずです。形のないスキルも、考え方は同じ。お互いに気持ちよく付き合っていけるよう、甘えすぎないように注意したいものです。

遅刻しそうなときは早めに連絡

私は、外出前の準備をするときにダラダラしてしまうタイプ。「今日は早めに家を出よう」と思って早起きしたはずなのに、気がつくとギリギリの時間！というパターンを懲りずに繰り返してしまいがちです。

あわてて目的地へ向かっていると、時間の見積もりが甘くなってしまうことがあります。いつもなら15分かかるけれど、今日は急いで歩いているから10分で着くんじゃないかしら？などと、自分に都合よく考えてしまうのです。

けれどこうした考え方こそ、遅刻の原因です。遅刻してしまうかも……と思ったときにするべきなのは、急ぐことではありません。相手に連絡することです。連絡なしに待たされる5分は、イライラするもの。でも、事前に相手が10分遅れることがわかっていれば安心して待つことができます。だから、遅刻しそうなときは、できるだけ早めに連絡を。もちろん、いちばんよいのは遅刻しないことですけれど。

SNSの使い方は人それぞれ

SNSでのやりとりは、それぞれのタイミングで送信・受信できることがメリットのひとつです。だからといって、だれに対してもマイペースで使ってよいわけではないと思います。

「おはよう」のような何気ないメッセージをうれしく思う人もいれば、そうでない人もいます。短いメッセージを何通もやり取りするより電話のほうがいい、という人もいます。とくにプライベートで使う場合、SNSには「絶対にこうするべき」という確立されたルールはないのではないでしょうか。

「メッセージを読んだら、すぐに返信するべき」などの「マイルール」は、他人にまで当てはめないようにしたいもの。自分がよいと思うことが相手にとってもよいとは限りません。電話や対面での会話と同じように、相手の都合や気持ちを考えることも忘れないようにしましょう。

訪問先には手土産を

個人のお宅を訪ねる際は、手土産を持っていくことをおすすめします。心を込めて選んだ品を贈ることは、招待に対するお礼の気持ちを表すのに役立ちます。

来客を迎えるため、ホストはさまざまな準備をしてくださったはず。ちょっとした品を贈ることで少しでも喜んでいただくことができれば、訪問した側の気持ちが楽になります。手土産は相手のためだけではなく、自分のためにも持っていくとよいものなのです。

手土産は自宅から用意していく

手土産は、訪問する日に合わせて事前に用意しておきましょう。避けたいのは、訪問先の近くで買うこと。来る途中で、適当に買ってきたような印象を与えかねないからです。

また、できれば要冷蔵・要冷凍のものも避けましょう。来客時は、冷蔵庫に普段よりものが多く入っていることが多いもの。手土産を入れるスペースが足りずにホストを困らせてしまうことがあります。

手土産選びに迷ったときは「上質なものを少し」

訪問先で喜んでいただける手土産が理想……とはいっても、ある程度親しくなってからでなければ、相手の好みをリサーチするのは難しいものです。迷ったときの正解は、「上質なものを少し」。老舗のお菓子などを選べば、間違いないと思います。

手土産は、ホストへの感謝を表すためのものです。たとえ好みに合わなかったとしても、上質なものであることが伝われば、贈った側の誠意は感じていただけると思います。

手土産の花にはアレンジメントを

お花が好きな方には、手土産としてお花を贈っても喜ばれると思います。ただし、花束ではなく、そのまま飾れるアレンジメントを選びましょう。

花束だと、すぐに生けなければしおれてしまいます。おもてなしの準備で忙しいときに、花器を出してきて、花の水上げをして……といった作業をするのは大変。せっかくいただいたお花をきれいに生けようと思えば、それなりに時間もかかり、いろいろな段取りがくずれてしまいます。相手に余計な手間をかけないためにも、手土産の花は、空いているスペースにそのまま飾れる小さめのアレンジメントがよいと思います。

ホームパーティへの差し入れは事前に確認を

ホームパーティに招かれたときに気をつけたいのが、料理の差し入れです。事前に打ち合わせをして持ち寄るスタイルでない限り、予告せずに料理を持っていくのは避けたほうがよいと思います。

おつまみや食事を準備するホストは、料理の相性や分量なども考えているはず。イタリアンのメニューを準備していたところに、かぼちゃの煮ものを差し出されたらどうでしょう？　想定外のひと皿が加わったり、自分も用意していたものと重複したりすると、少し困ってしまうこともあるのです。料理を持っていく場合は、必ずホストに相談してからにしましょう。

個人宅を訪ねるときは「5分遅刻」が目安

ビジネスシーンや友人との待ち合わせに、遅刻は厳禁。でも個人のお宅を訪問するときに限って「5分前行動」はマナー違反です。

来客を迎える場合、ホストは何かと忙しいもの。直前まで、部屋を整えたりお茶や料理の準備をしたりしていることも考えられます。前もってしっかり準備していたとしても、直前になって「あっ、あれを忘れてた!」ということも起こりがちです。ホストに心の余裕をもっていただくためにも、少し遅れて到着するのが正解です。「約束の時間の5分後」を目安にうかがうようにしましょう。

コートは玄関の外で脱ぐ

インターフォンのボタンを押すのは、コートやマフラー、帽子などをとってから。建物の入り口で部屋番号を押し、訪問先の方にオートロックを解除してもらわなければならないマンションの場合は、部屋番号を押す前にコート類を脱いでおきましょう。カメラを通して、来客の姿が訪問先に見えるようになっていることが多いからです。

脱いだコートは裏返してたたみ、腕にかけます。コートを屋外で脱いだり裏返したりするのは、表面についたホコリなどで室内を汚さないための気配りです。

玄関を上がるときは前向きに

玄関では簡単な挨拶をし、前（室内）を向いたまま靴を脱いで室内に上がります。上がってから体の向きをかえてかがみ、脱いだ靴の向きをかえて片隅に置きなおします。このとき、下駄箱のある側（下座）に寄せるのがよいと言われることもありますが、大切なのは真ん中を避けること。スペースに合わせて、じゃまにならないところに置くようにすればよいと思います。

靴をそろえるために体の向きをかえるときは、ホストに対して体を斜めにするつもりで。完全にお尻を向けてしまわないように気をつけます。

「足元の身だしなみ」にも気を配る

日本の住宅は、靴を脱いで上がることがほとんど。自宅に招かれたときは、足元への気配りも大切です。素足はあまり清潔な印象を与えないため、室内に通されることがわかっているならストッキングや靴下を履いていきましょう。

ストッキングを合わせにくいサンダルなどを履いていくなら、玄関先でさっと履ける靴下やフットカバーを持参します。ただし、靴下を脱いだり履いたりする間、お出迎えやお見送りをしてくださるホストをお待たせするのは気まずいですよね？　初めての訪問先やあらたまった訪問の際は、やはり素足は避けることをお勧めします。

また来客の靴は、お見送りの前に迎える側がそろえなおすため、脱いだ状態も目に触れることを忘れずに。きちんとお手入れをしておくのはもちろん、中敷きの状態も確認しておきましょう。

挨拶は部屋に通されてから

居間などに通されたら、座る前に挨拶を。一礼してから、「本日はお招きいただき、ありがとうございます」などとお礼の言葉を述べましょう。初対面の場合は、挨拶の言葉の前に、「○○と申します」とフルネームで名乗ります。
緊張するとセカセカしてしまいがちなので、おじぎをするときはゆっくりと。きちんと体を起こしてから、落ち着いて話しはじめるようにしましょう。

手土産にはポジティブな言葉を添えて

手土産を渡すのは、挨拶をすませてから。紙袋などから取り出し、正面を相手のほうへ向けて差し出します。このときに添える言葉は、心を込めて選んだことが伝わるようなものがおすすめ。「甘いものがお好きとうかがったので」「何がお好きかわからなかったのですが、とても評判のよい紅茶です」など、ポジティブな言葉を選んでみてください。

私の息子が、初めて妻（当時は恋人）を自宅での食事に連れてきたとき、彼女はシャンパンを持ってきてくれました。手渡しながら「ご一緒に飲みたいな、と思いまして」と言ってくれたのがとてもうれしかった！　うれしい気持ちで一緒にいただいたシャンパンは、とてもおいしかったことを覚えています。

大きなバッグは床に置く

挨拶を終えたら、勧められた席に座ります。ソファは座面が沈むため、深く座るとふんぞり返ったような姿勢に見えてしまうことがあります。浅めに腰かけ、背もたれやひじ掛けに寄りかからずに、背すじを伸ばすようにしましょう。

バッグは、小さいものなら腰の後ろへ。大きなものは、自分の足元の床か勧められた場所に置きましょう。

好印象を与えたい訪問は「万能ワンピース」の出番

たとえば恋人の実家に初めて招かれたときや、目上の方のご自宅を訪ねるときなどは、服装にも気を配りましょう。きちんとした印象を与えられればよいので、特別なおしゃれをしなくても大丈夫。でも、着ていくものに迷うなら、「万能ワンピース」を選ぶと安心です。

落ち着いた色のシンプルなワンピースは、普段づかいのアクセサリーと組み合わせれば、日常的な訪問着として使えます。ワンピースではかしこまりすぎ？と思うかもしれませんが、どの程度の「きちんと感」が求められているのかわからない場合、くだけすぎるより、かしこまりすぎるほうを選ぶのが安心です。初めて会う子どもの恋人を、外見から「だらしない感じがする」と批判的に見る親はいるかもしれませんが、「ちゃんとしすぎている」と不快に思う親はまずいない……と思いませんか？

訪問時の服装は清潔感が第一

恋人の実家への初回訪問をクリアしたら、次からは自分らしい服装でよいと思います。ただし、身だしなみには普段以上に気を配ることが大切。Tシャツにデニムでも構いませんが、清潔感があることは最低条件です。

服装やメイクに関する常識は、年齢や性別によって差があります。ファッションは自己表現ですが、自分にとっての「普通」とかけ離れたものを突然見せられると、受け入れるのが難しいこともあります。個性的なファッションやメイクが好きな場合は、相手の反応を見つつ、少しずつ自分らしさを出していくようにしてみましょう。

恋人のご両親の呼び方に困ったときは

恋人の家族が見るのは、もちろん外見や所作だけではありません。話し方や言葉の選び方も、印象を左右する重要なポイントです。

ご家族に本当に受け入れられた、と確信できるまでは、恋人も「さんづけ」で呼ぶのが確実。呼び捨てやあだ名での呼びかけをあまり快く思わない方もいるからです。家族が同席している場では、自分たちにしかわからない話題は避け、言葉づかいもぞんざいにならないように気をつけましょう。

また、多くの方が悩むのが、恋人のご両親への呼びかけ方ではないでしょうか。結婚前だと「おかあさま」というわけにもいかないし、「○○さんのおかあさま」は長すぎて言いにくい。「○○さん」と名字で呼びかけるのも不自然だし、だからといって「おばさま」もちょっと……。

私からアドバイスするなら、もっとも安全な方法を選ぶことをおすすめします。それは、ご両親には呼びかけないこと！　どう呼ばれたいかは人それぞれでしょうし、そもそも「どう呼ばれてもいや」という方もいるかもしれないからです。マナーとして正しい呼び方はどれか？ではなく、ご両親が受け入れてくださる呼び方はどれか？という問題なのではないでしょうか。

悩んだ挙句、思いきって呼びかけて失敗する可能性もあるのですから、そんな危険は避けるのがいちばん。呼びかけの言葉を使わずに、その場を乗りきる工夫をしてみましょう。

和室で守りたい3つの基本

和室のない家も増えているため、和室での所作に自信がない方も少なくないかもしれません。でも茶会など特別な場でない限り、細かい作法にはこだわりすぎなくてよいと思います。

最低限、守りたいことは3つ。畳のへりを踏まないこと、座布団を踏まないこと、そして挨拶は座って姿勢を正して行うことです。

和室での挨拶は畳に座って

部屋に通されてからの挨拶の流れは、洋室でも和室でも同じです。ただし和室の場合、立ったまま挨拶をするのはマナー違反とされています。必ず、正座をしてから行いましょう。

「あちらへどうぞ」などと座布団を勧められたら、いったん座布団の下座側（床の間から遠い側）の畳に正座します。一礼し、挨拶の言葉を述べてから手土産を渡しましょう。

手土産は紙袋などから出し、向きを正して畳に置きます。両手で持ち上げ、相手に差し出しましょう。

美しい礼は背すじが決め手！

座った姿勢でお辞儀をする「座礼」をしたことがない、という方は意外に多いものです。きれいに行うポイントは、ただひとつ。おなかにぐっと力を入れ、最初から最後まで背すじを伸ばしておくことです。

座布団の横で正座をした姿勢から、背すじを伸ばしたまま上半身を軽く倒し、膝の前に両手をつきます。指はきれいにそろえ、左右の人差し指の先を合わせて三角形をつくりましょう。

背中を丸めないように注意しながら上半身をゆっくりと30度ほど倒し、一拍おいて元の姿勢に戻ります。このとき、顔を畳のほうへ向けていると「土下座」をしているような姿になってしまいます。体を倒すときは、前方の少し離れたところに視線を向け、頭を軽く上げておきましょう。

実際にしたことがないと、少し難しい所作かもしれません。和室に通されることがわかっている場合は、事前に練習しておくことをおすすめします。

座布団には横からにじり上がる

座布団に座るのは、挨拶を終えて「座布団をどうぞ」などと声をかけられてから。ただし、座布団の座り方には決まりがあります。軽く握った両手をついて体の位置をずらしていき、座布団の横から上へ移動。座布団を外すときは、逆の手順で畳に下りてから立ち上がります。

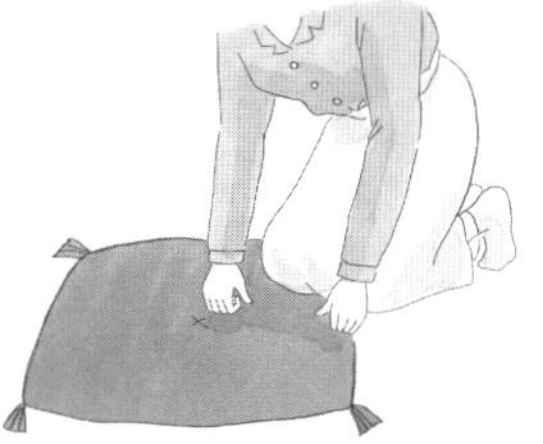

①座布団の横で体の向きを斜めにかえる。

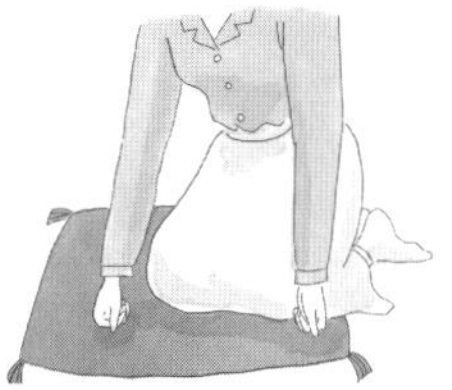

②軽く握った両手を座布団の上につき、膝をずらして座布団の上へ体をのせていく。

③両手はそのままで、座布団の真ん中まで移動する。

飲みものの好みを聞かれたらはっきり答える

訪問先で「コーヒーと紅茶、どちらにしましょうか?」などと聞かれたときは、「紅茶をお願いします」のようにはっきり答えて構いません。選択肢を挙げているということは、どちらも無理なく用意できるということ。「どちらでも」という答えは、かえって相手を迷わせてしまいます。おかわりを勧められた場合も、飲みたければ遠慮なくいただきましょう。

ティーカップの持ち手には指を通さない

コーヒーカップやティーカップは、持ち手を親指、人差し指、中指でつまむように持つときれいです。薬指と小指を持ち手の下に添えると、持ち上げたときにぐらつくこともなくなります。

カジュアルなマグカップ以外は、持ち手に指を通さないのが正解。ソーサーに置かれたスプーンは、使わなかった場合も、カップの奥へ置きなおしましょう。

外したふたは湯呑みの右へ

日本茶は、茶托《ちゃたく》にふたつきの湯呑みをのせて出されることが多いと思います。ふたは手前側を持ち上げるようにゆっくりと取り、裏についた水滴を湯呑みの中に落とします。その後、ふたを裏返して両手で持ち、湯呑みの右側に置きましょう。いただくときは湯呑みを右手で持ち、左手を底に添えて口元へ運びます。飲み終えたら、元通りにふたをしておきます。

「食べ終わり」をきれいにする気配りを

お菓子などを出していただいた場合は、遠慮せずおいしくいただきましょう。ただし、きれいに食べる心配りは忘れないようにしたいものです。食べ方だけでなく、ケーキの下に敷かれた紙やフィルムなどは小さくたたんでお皿の隅へ寄せておくなど、「食べ終わり」をきれいにしておくことも心がけましょう。

シュークリーム&ミルフィーユの攻略法

おいしいお菓子を出していただくのはうれしいけれど、きれいに食べるのが難しいものだと、手をつけるのに少し勇気が必要です。

身近だけれど手ごわいのが、シュークリームです。切り分けるときにクリームがはみ出し、お皿の上がベタベタに……。きれいに食べるポイントは、ナイフを一気に前後に動かして切ることです。思いきってザクッとナイフを入れたほうが、はみ出すクリームの量が少なくなります。

もうひとつの強敵が、ミルフィーユ。焼きたてならサクッと切れますが、買ってきたものを自宅でいただく場合は、そうはいきません。立てたまま切るのは難しいので、横に倒してから切り分けてもよいと思います。

こうしたお菓子は、勧めた側も食べにくいことを承知しているはず。細かいマナーにこだわるより、おいしくいただいたほうが、ホストも喜んでくださるのではないでしょうか。

お手伝いは相手の意向を聞いてから

恋人の実家を訪問したときなどは、完全に「お客さま」としてふるまってよいのかどうか迷うものです。とくに食事をごちそうになる場合、準備や後片づけを手伝うべきか？は難しい問題だと思います。

たとえば私は、お客さまには座っていてほしいタイプ。自分のキッチンでは、マイペースで料理をしたり片づけたりしたほうが気が楽だからです。でも私とは逆に、お手伝い大歓迎！という方もいらっしゃるでしょう。

ミスマッチを防ぐには、直接聞いてみるのがいちばんです。いきなり「お手伝いします！」とキッチンに入っていくのではなく、まずは「お手伝いしましょうか？」と声をかけてみましょう。

「いいのよ、座っていて」などと言われた場合は、無理にお手伝いをしなくてよいと思います。してほしいことがあれば、「じゃあ、お皿を運んでくれる？」のように指示してくれるはず。やりすぎは逆効果になることもあるので、何をするべきか聞きながら、言われたことを手伝いましょう。

訪問を切り上げるのはゲストの側から

訪問を切り上げる言葉は、訪ねた側から切り出すのがマナーです。お茶のおかわりなどを勧められたタイミングで、「ありがとうございます。でも、そろそろ失礼します」などと伝えましょう。

話が弾むとつい長居をしてしまうこともありますが、招いた側から辞去を促すのは難しいもの。タイミングをみはからって、スマートにおいとましましょう。

コートを着るのは玄関を出てから

玄関では正面（玄関扉のほう）を向いてスリッパを脱ぎ、かがんでから向きをかえ、端に寄せます。室内に上がる際と同様、かがむときはホストにお尻を向けないように気をつけます。

靴は、ホストが向きを正して履きやすい位置にそろえておいてくださるはず。靴を履いたら向き直り、簡単にお礼の言葉を述べましょう。コートなどを着るのは、原則として玄関を出てから。ただし、ホストから勧められた場合は、外に出る前に身につけて構いません。

玄関を出たら、少し進んだところで振り返ってみて。相手が見送ってくださっている場合は、あらためて会釈をしましょう。

訪問のお礼はその日のうちに

訪問後は、あらためてお礼の気持ちを伝えることを忘れずに。メールやSNSで連絡を取り合えるなら、帰宅後すぐにお礼のメッセージを。恋人のご両親など、直接連絡を取る関係ではない場合は、恋人経由でお礼を伝えてもらいましょう。

親しい相手ならこれだけでも構いませんが、メールなどでのメッセージに加えてお礼のカードも送るようにすると、よりていねいです。感謝の気持ちは、すぐに伝えることも大切です。カードを出す場合も、当日〜翌日には発送するようにしましょう。

お礼のカードにはオリジナルのひと言を添える

カードに書くメッセージは短くて構いませんが、ぜひ自分の言葉で感謝を伝えてみましょう。文例集にのっているような、完璧な文章を目指さなくても大丈夫です。時候の挨拶から始めて、長々と綴る必要もありません。お礼の言葉プラスひと言、程度の簡単なもので十分です。

プラスする「ひと言」におすすめなのは、訪問時に印象に残ったこと。「かぼちゃのプリン、とてもおいしくいただきました」「香りのよいハーブのテーブルフラワーを、今度まねしてみようと思います」といった具体的なひと言があるだけで、心がこもった印象になります。

市販のカードには、素敵なものがたくさんあります。短いひと言しか浮かばないような場合は、余白が少ないデザインのものを選ぶ……という手もありますよ。

第5章

冠婚葬祭やパーティで。特別な場のマナー

「特別な場」にはお国柄が表れます

イスラム圏の国々では、外出時、多くの女性はスカーフで髪を覆い、体のラインを隠す長いコートのような服を身につけています。とくにイランでは顔だけ出して全身を覆う黒い「チャドル」が一般的なため、街の景色が日本とはまったく違っていました。でも男性のいないところでチャドルを脱ぐと、その下の服装はとても華やかなのです。

イランで出席した結婚披露宴は、男女が別々の部屋でお祝いするスタイルでした。女性の部屋は、とにかくにぎやか！ カラフルなドレスで着飾った女性たちが歌ったり踊ったり、新婦を囲んで陽気にはしゃぐのです。

でも途中で、新郎が入ってくる時間がありました。「新郎が来るわよ！」という知らせを聞くと、女性たちはいっせいにチャドルを身につけ、一瞬の後には室内は見事に真っ黒。シーンと静かな部屋に新郎を迎えるのです。

そして新郎が出ていくと、黒い服をワーッと脱ぎ捨てて、また明るく大騒ぎ。日本の披露宴とは違う、新鮮な経験でした。

アラブでは、行事の際の「時間」の感覚も日本とは大違い。とくにクウェートでは、最初は驚きの連続でした。住みはじめて間もない頃、招いていただいたパーティに向かいました。招待状に書かれていた時刻は20時。20時少し過ぎにうかがったところ、ゲストはだれも来ていないし、ホストさえ自室から出てきません。私たち夫婦は、ホールでお茶を飲みながらポツンと2時間待機。22時を回った頃からようやくゲストが集まりはじめたのです。

当時のクウェートでは、招待状に書かれた時刻の「2時間後」が実際の開始時刻になることがほとんど。最長では、大規模な晩餐会で6時間近く待たされたことがあります。暑さが厳しい国なので、会場は室温16度ぐらいまで冷やされています。私は用心して厚着をしていきましたが、寒くてお茶を何杯も飲んでしまい、食事が始まる頃にはおなかがタプタプでした。やっと終わって会場を出ると、外の気温は50度超え。あのときはさすがに、日本が恋しくなりました。

結婚式

披露宴の招待状にはすぐに返信する

結婚披露宴やパーティの招待状が届いたら、できるだけ早く返信しましょう。「御出席」「御欠席」の文字が印刷された一般的なスタイルの場合、出席するなら「出席」の文字を丸で囲み、その上の「御」と「御欠席」を二重線で消します。余白には、お祝いの言葉や招待のお礼を。欠席の場合は、お祝いの言葉に加えて、欠席の理由を簡潔に書いておきましょう。ただし病気や身内の不幸などが理由の場合は、「やむを得ない事情」などとするのがマナーです。

住所と名前を書く欄には、「御住所」「御芳名」と記されています。住所の上の「御」と名の上の「御芳」は二重線で消しましょう。

結婚式

昼間の披露宴は露出の多い服を避ける

披露宴には、華やかなワンピースなどがおすすめです。昼間の披露宴なら、肌の露出が少なめのものを。あまりこだわらない場合もあるようですが、本来、デコルテを出すようなデザインは夜にふさわしいものだからです。キラキラ光る素材も昼間には向きません。アクセサリーは、昼間ならパールや布製のコサージュなどがおすすめです。

花嫁の色である白はもちろん、写真に写ると白く見えることもある淡いクリーム色なども避けたほうが安心。黒い服を選んだ場合は、羽織りものなどで色を加えるとよいでしょう。

結婚式

ご祝儀の金額は相手との関係などに応じて決める

会費制の場合を除き、披露宴にはご祝儀を持参します。金額は、年齢や相手との関係に応じて判断を。偶数は「割り切れる」ことから、3万円、5万円などの奇数にするのが一般的。ただし「末広がり」をイメージさせる8万円はOK、「苦」につながる9万円は禁忌などとされることもあるようです。

ご祝儀は、できれば新札で用意しましょう。新しい門出を祝い、ふたりの結婚を楽しみにしていた気持ちを表すための気配りです。

結婚式

ご祝儀袋は水引の形に注意

ご祝儀袋は、水引が「結び切り」や「あわじ結び」のものを選びます。一般的なお祝いごとに使われる「蝶結び」のものは、「何度でも結びなおしができる」とされることから、結婚祝いにはふさわしくありません。

ご祝儀袋にはさまざまなデザインのものがありますが、好みや贈る相手のイメージに合わせて選んでよいと思います。ただし、ご祝儀袋は包む金額に見合ったものにするのが原則。鶴や亀をかたどった水引など、装飾が豪華なものは、お祝い金も高額な場合に使うようにしましょう。

結婚式

外袋の折り方も慎重に

ご祝儀袋の外袋には、濃い黒の筆ペンや太めのサインペンなどでフルネームを書きます。お金を入れる中袋は、表に金額、裏に住所と名前を書きましょう。金額を書く際、漢数字は大字《だいじ》と言われる漢字で書くのが一般的です。外袋は、先に

●金額の書きかた

大字		漢数字
壱	←	一
弐	←	二
参	←	三
伍	←	五
拾	←	十
萬	←	万

●中袋

●外袋

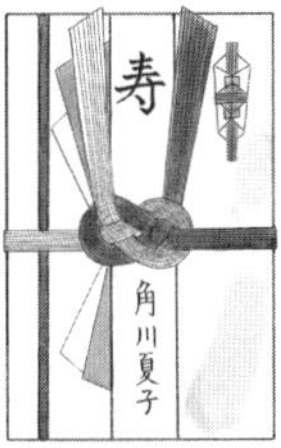

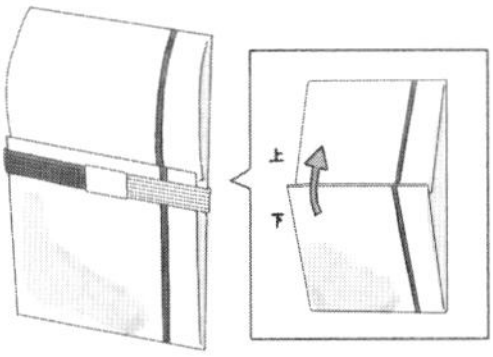

慶事の場合は、上側→下側の順に折る。

上側を折り、それにかぶせるように下側を折り上げます。

結婚式

ご祝儀袋は袱紗に包んで持参

披露宴の受付では、「本日はおめでとうございます」とお祝いの言葉を述べます。「新婦の友人の○○と申します」とどちら側の招待客なのかも伝え、記帳をすませましょう。

ご祝儀袋は、袱紗《ふくさ》や小さな風呂敷に包んで持参します。袱紗、風呂敷は、お祝いごとにふさわしい色・柄のものを選びましょう。バッグから取り出して袱紗を広げ、相手が表書きを読めるように向きを正してから両手で差し出します。

結婚式

テーブルの同席者にも挨拶を

披露宴などの会場では、初対面の方と同じテーブルにつくこともあります。着席するタイミングなどで、「よろしくお願いします」などと簡単に挨拶をしておきましょう。その後の、同席者同士での話しやすい雰囲気づくりに役立ちます。

結婚式

スピーチの内容は出席者に配慮して考える

友人代表などとしてスピーチを頼まれたときは、必ず事前に内容をまとめておきましょう。注意したいポイントは、出席者の顔ぶれです。

披露宴の出席者には、新郎新婦の身内や上司なども含まれていることがほとんどです。世代や価値観が異なれば、ユーモアの感覚もかわってくるもの。おもしろいスピーチは出席者にも喜ばれますが、内容や表現を不快に感じる人はいないか、親しい仲間にしか伝わらないようなものになっていないか、などには気を配る必要があります。また新郎新婦の失敗談などを話題にしたい場合も、本人の了解を得てからにしたほうがよいかもしれません。

お祝いの席で注意したい「忌み言葉」

スピーチをする際に注意したいのが、別れや不幸を連想させる言葉。こうした言葉は「忌み言葉」と言われ、披露宴では使わないようにするのがマナーです。スピーチの原稿は必ず読み返し、不適切な表現を使っていないかも確認を。

●忌み言葉のいろいろ

・別れをイメージさせる言葉
別れる、離れる、終わる、捨てる、去る、切る、破る　など

・不幸をイメージさせる言葉
苦しい、悲しい、薄い、つぶれる、こわれる、消える　など

・再婚を連想させる「重ね言葉」
ますます、たびたび、いろいろ、くれぐれも、再度、さらに　など

結婚式

余興の内容は新郎新婦と相談して決める

披露宴では、スピーチ以外の余興を頼まれることもあります。新郎新婦から「歌を歌ってほしい」などのリクエストがある場合は、それに応えましょう。内容を任された場合は、事前に新郎新婦の許可を得ておいたほうがよいと思います。自分たちにとってはおもしろいことでも、出席者の顔ぶれによっては喜ばれない可能性もあるからです。披露宴の余興は、自分のスキルを見せるものではなく、新郎新婦へのお祝いであることを忘れないようにしましょう。

立食パーティ

立食パーティは食事ではなく会話を楽しむ場

立食パーティに出席する場合、私はパーティの前に軽食をとるようにしています。なぜかといえば、立食パーティの目的は、食事ではなくおしゃべりだからです。食べるのに夢中で、あまりおしゃべりができなかった……なんて失敗を防ぐためには、空腹でパーティに行かないことがいちばんの予防策だと思います。

立食パーティ

靴とバッグは機能面も考えて選ぶ

立食パーティに出席する際のファッションには、注意したいポイントが2つあります。1つめが、靴。TPOにふさわしいものを選ぶのはもちろんですが、会場内では立って歩き回ることを忘れずに。履きやすいものを選ばないと、つらい思いをすることになります。

2つめが、バッグ。料理を取ったり、食事をしたりする際に両手を使わなければならないので、クラッチバッグは不向き。ショルダータイプのものも、ずり落ちてきたり、前かがみになったときに邪魔になったりすることがあります。おすすめは、腕にかけられる長さの持ち手がついたハンドバッグ。小ぶりで軽い素材のものを選ぶと、扱いやすいと思います。

立食パーティ

ひと口サイズの食べやすいものを選ぶのが正解

立ったまま食べたり飲んだりするのは、意外に難しいもの。おまけにおしゃべりをしていると、手元への注意もおろそかになります。私はそれほど器用ではないので、立食パーティでは、「おいしそうなもの」ではなく「食べやすいもの」を選ぶようにしています。

条件は、ひと口で食べられることと、「落とす」「こぼす」「噛み切れない」というリスクがないこと。私にとっての優秀食材は、たとえばきゅうりと小えびのカクテルです。この2つなら、おしゃべりの合間にいただいても、よほど運が悪くない限り失敗することはありません。

立食パーティ

料理を取るたびに新しいお皿を使う

一度に取る料理は2〜3種類にし、量も少なめに。前菜（冷たい料理）→メイン（温かい料理）→デザートという流れを意識しながら選びましょう。料理を取ったら、すぐにビュッフェテーブルから離れます。

料理をてんこ盛りにしたお皿をサイドテーブルに持ち寄り、数人でシェアするような食べ方はマナー違反。一人ひとりが、自分の食べる分だけを取るのが正解です。料理は何度取りにいってもよいので、お皿の上がきれいに見えることも意識しながら取り分ける量を加減しましょう。

料理を取るとき、一度使ったお皿を使いまわすのはNG。必ず新しいお皿を使います。使用ずみのお皿やカトラリー、グラス類は、サイドテーブルに置いておけば片づけてもらえます。

立食パーティ

おしゃべりするときはグラスだけ持って

人とじっくり会話をするときは、手近なサイドテーブルにお皿とカトラリーを置きましょう。話が盛り上がると、思わず身振り手振りが出ることもあるもの。料理をのせたお皿を持ったままだと、ちょっと危険ですよね？　グラスだけを持つようにしたほうが安全で、見た目もスマートです。

ビールやジュースなどのグラスを持つときに、下半分を紙ナプキンで包むのは、日本以外では見かけないやり方です。水滴で手が滑らないようにするためでしょうが、世界標準のマナーではないのかな？と思います。見た目もあまり美しいとはいえないので、私は今のところ、したことがありません。

立食パーティ

テーブルや椅子を占領しない

会場内に置かれたサイドテーブルは、おしゃべりをするときにお皿を置いたり、使用ずみのお皿やグラスを置いたりするためのものです。仲間同士でテーブルの周りにかたまり、長時間独占するのは避けましょう。

同様に、会場に置かれた椅子の使い方にも注意。壁際に並べられている椅子は、気分が悪くなった人などが一時的に休むためのもの。座り込んでおしゃべりをしたり、荷物を置いたりするためのものではありません。

立食パーティ

会場内では「見られている」ことを意識する

会場内では、常に人目を意識することも大切です。テーブルを囲む食事なら、同席者だけを意識すればよいけれど、たくさんの人が動き回るパーティ会場では、どこから見られているかわかりません。

食べている姿は、無防備なもの。周りに不快な印象を与えないためにも、背すじを伸ばして口元も意識し、美しいふるまいを心がけましょう。

旅行先

ホテルや旅館では雰囲気をこわさない配慮を

旅先などで利用するホテルや旅館は、非日常を楽しむ場。利用する側にも、雰囲気をこわさないための気配りが求められます。ラグジュアリーなホテルや旅館なら、それに見合う服装で行くのがマナーです。

自室ではリラックスできるスタイルでくつろいで構いませんが、部屋から出るときは服装を整えて。温泉宿など、「館内での浴衣・スリッパOK」のルールがあるところ以外では、室内履きやスリッパのまま館内を歩き回らないように注意しましょう。自室以外は、公共の場であることを忘れずに！

旅行先

サービスは堂々と受ける

ホテルや旅館のフロントでチェックインすると、部屋まで案内してくれるスタッフが荷物を運んでくれることがあります。小柄な女性スタッフに「お荷物をお持ちします」と言われると、つい遠慮したくなるかもしれませんが、これもサービスの一環です。貴重品が入っているなど、どうしても自分で運びたい場合を除き、お礼を述べて堂々と運んでもらいましょう。

旅行先

旅館での心づけは原則として不要

各部屋に担当の仲居さんがついてくださる和風旅館では、「心づけ」を渡すかどうか迷うことがあるかもしれません。日本の場合、宿泊料金にはサービス料が含まれていることがほとんどです。サービスへの対価はきちんと支払っているのですから、さらに「心づけ」を渡さなくてもよいと思います。

ただし同行者に幼い子どもがいる場合などは、何かと手間をかけたり特別な配慮をしていただいたりする可能性があります。プラスアルファのサービスへの感謝の気持ちとして、「心づけ」をお渡ししてもよいかもしれません。

海外のホテルでサービスを受けたときなどのチップは現金をそのまま渡しますが、日本ではお金を包まずに渡すのは失礼です。ぽち袋に入れるか懐紙で包み、チェックイン後、部屋に通されたときなどに「小さな子どもがおりますので、ご迷惑をおかけするかもしれませんが、よろしくお願いします」といった言葉を添えて渡すとよいでしょう。

葬式

本来の通夜は故人と親しい人のためのもの

通夜は、親族や故人と親しかった人が葬儀・告別式の前日に別れを惜しむためのもの。葬儀・告別式は、弔問客を迎えて故人の冥福を祈り、お別れをする儀式です。葬儀と告別式はもともと別々の儀式でしたが、現在は一緒に行われるのが一般的です。

本来は、故人ととくに親しかった人は通夜と葬儀・告別式の両方に、それ以外は告別式に参列するものでした。ただし葬儀・告別式は日中に行われるため、最近では、時間の都合がつけやすい通夜だけに参列することも多くなっています。

葬式

通夜にも喪服で参列するのが一般的

現在では、通夜、葬儀・告別式のどれにも喪服で参列するのが一般的です。ただし本来は、「取り急ぎ駆けつけた」という気持ちを表すため、通夜には地味な平服で参列するもの……と言われていました。そのため、通夜の服装は喪服でなくてもマナー違反ではありません。

葬式

喪服は黒いワンピースやスーツが定番

女性の喪服は、シンプルな黒のワンピースやスーツが一般的。光沢のない素材で、体のラインが出ないデザインのものを選びます。スーツの場合は、インナーも黒で統一します。足元は、黒いストッキングが基本ですが、寒い季節なら黒いタイツを選んでもよいと思います。

コートやマフラーが必要な場合も、できるだけ落ち着いた色のものを選びます。「殺生」に通じるといわれるファーや革製のものはマナー違反とされているので、部分的にでもファーなどがついたものは避けましょう。

靴やバッグも、飾りのない黒のものを。布製が正式ですが、エナメルなど光沢のあるものでなければ革製でもよいでしょう。

葬式

アクセサリーはパールが基本

喪服に合わせるアクセサリーは、パールが一般的。パールは「涙の象徴」と考えられているため、色は白でも黒でも大丈夫です。

パール以外では、オニキスなどの黒い石も喪の席で身につけてよいものとされています。それ以外のアクセサリーはすべて外しますが、結婚指輪だけはつけたままで構いません。

ただしパールのネックレスをつける場合は、必ず一連で。二連のネックレスは不幸が重なることを連想させるため、お悔みの席では避けるものとされています。

葬式

不祝儀袋は相手の宗教・宗派に合わせて

宗教や宗派によって考え方が異なるため、不祝儀袋は、表書きに注意して選びます。参列前に相手の宗教がわからない場合は、「御霊前」としましょう。

葬式

香典に新札は使わない

●宗教・宗派による表書きの違い（通夜、葬儀・告別式の場合）

仏式	御霊前、御香典、御香料
仏式（浄土真宗）	御仏（佛）前
神式	御玉串料、御神前、御榊《さかき》料
キリスト教式	お花料、御ミサ料（カトリックの場合）
宗教が不明なとき	御霊前

不祝儀袋の外袋には、弔事用の薄墨の筆ペンでフルネームを書きます。お金を入れる中袋の書きかたは、ご祝儀袋と同様に（159ページ）。外袋は、先に下側を折り、それにかぶせるように上側を折り下げます。香典の場合、前もって用意しておいたような印象を与える新札は使わないほうがよいとされています。手元に新札しかない場合は、いったん折り目をつけてから袋に入れるとよいでしょう。

葬式

受付でのお悔みの挨拶

仏式や神式の通夜や葬儀・告別式の受付では、「このたびはご愁傷様でございます」「お悔み申し上げます」などと簡単に挨拶します。キリスト教式の場合は、こうした言葉は避けたほうがよいものとされているので、受付では会釈にとどめ身内と言葉を交わす際は「安らかに眠られますようお祈りいたします」などの言葉を使うようにしましょう。

香典は袱紗に包んで持参し、記帳をすませてから向きを正して差し出します。

表

表書きは相手の宗教・宗派に合ったものを選ぶ。

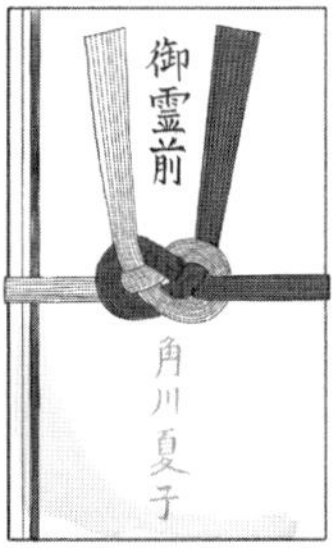

名前は薄墨で。

裏

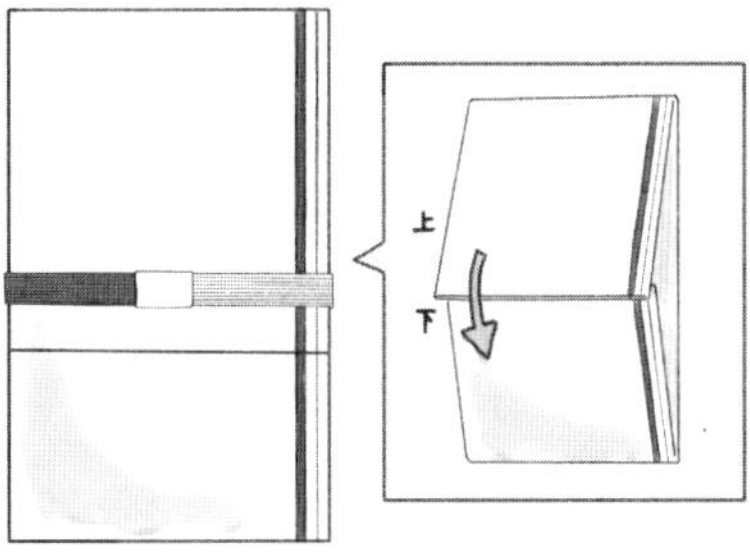

弔事の場合は、下側→上側の順に折る。

通夜や葬儀の際に使う袱紗は、黒や紺、グレーなどの不祝儀用のものを。ちなみに紫の袱紗は、慶弔のどちらにも使うことができます。

通夜と葬儀・告別式の両方に参列する場合は、通夜に香典を持参するとよいでしょう。葬儀・告別式の際は受付で記帳し、通夜に参列したことを伝えます。

葬式

仏式の通夜や葬儀・告別式には数珠を持参

仏式の通夜や葬儀・告別式には、数珠を持参しましょう。葬儀場で座っている間や焼香台まで歩くときは、房を下にして左手で持ちます。合掌する際は左手の親指と人差し指の間にかけ、右手を合わせます。

葬式

仏式では焼香してから合掌を

仏式の通夜、葬儀・告別式では、抹香や線香による焼香が行われます。順番が来たら焼香台の前へ進み、僧侶と遺族に向かって一礼。さらに遺影に向き合って一礼します。

抹香の場合は右手の親指、人差し指、中指でつまんで目の高さにかかげ、香炉に落とします。焼香の回数は他の参列者にならいましょう。

線香の場合は1本取ってろうそくの火を移し、左手であおぐか、縦にすっと振って火を消してから香炉に立てます（宗派によっては寝かせて置くこともある）。

焼香を終えたら遺影に向かって合掌し、故人の冥福を祈ります。数歩下がり、僧侶と遺族に一礼してから席に戻ります。

葬式

神式では榊の枝を祭壇に捧げる

神式の場合は焼香ではなく、榊の枝を祭壇に捧げる「玉串奉奠《たまぐしほうてん》」を行います。祭壇の前に進むと、神官から玉串（榊の枝）を手渡されるので、根元を右手で上から持ち、葉先に左手を下から添えるように受け取ります。

そのまま玉串案（玉串を置く台）の前へ進み、祭壇に向かって一礼。玉串を右回りに回して根元を自分のほうへ向け、左手をすべらせて下から根元を持ちます。

次に玉串の中ほどを右手で下から支え、１８０度回転させて、根元を祭壇のほうへ向けて玉串案に供えます。

数歩下がって二礼し、音をたてずに柏手を2回打ちます。さらに数歩下がり、神官と遺族に一礼してから席へ戻りましょう。

①右手で根元を上から、左手で葉先を下から持つ。

②右回りで根元を自分のほうに向ける。

③根元を左手で持ちかえ、中ほどを右手で支える。

④180度回して玉串案へ。

葬式

通夜ぶるまいに誘われたら断らないで

通夜の後に弔問客をもてなす「通夜ぶるまい」には、「故人と最後の食事をともにする」という意味もあるので、すすめられたら受けるのがマナーです。少しでもよいのでお酒や料理をいただき、長居せずに失礼しましょう。

葬式

キリスト教式では献花が行われることが多い

日本で行うキリスト教式の葬儀では、祭壇に花を捧げる「献花」が行われることが多くなっています（行わないこともある）。祭壇の前へ進むと、係員から花を手渡されます。茎を左手で上から持ち、花の下に右手を添えるようにして両手で受け取りましょう。

献花台の前で、祭壇に一礼。茎が祭壇のほうを向くように回し、そっと献花台に置きます。一礼して一歩下がり、遺族にも一礼してから席に戻りましょう。

葬式

お悔みの贈りものは遺族へのいたわりを込めて

身内だけの「家族葬」ですませていたり、遠方に住んでいたりする場合、友人の身内などの不幸を時間がたってから知ることがあります。そんな場合は、友人を慰めるための小さな贈りものをしてみてはいかがでしょうか。

香典としての現金やかしこまったものを贈ってしまうと、相手にお返しなどの手間をかけさせることになります。ですから、あえてややカジュアルなものを選んだり、法事などが一段落する四十九日を過ぎてから贈ったりしてもよいかもしれません。

お悔みの気持ちを伝えるなら、お花がおすすめです。そのまま飾れるフラワーアレンジメントなら、だれに贈っても喜ばれると思います。遺族である友人を元気づけたいなら、好みに合いそうなセルフケアグッズなどもよさそうです。

配送する場合は、必ずメッセージを添えて。故人の冥福を祈るとともに、遺族へのいたわりや励ましの言葉も書き添えましょう。

第6章

構えなくても大丈夫！
自分らしいおもてなしを

「おもてなし」は気張らず、普通に、気軽に

私の「おもてなし」の原点は、結婚直後に住んだコンパクトな家です。間取りはキッチン、バス&トイレに、6畳と4畳半が各1間。夫も私も人を招くのが好きだったこともあり、狭い家には夫の友人たちが常に出入りしていました。「事前にアポを取る」なんて感覚の持ち主はおらず(笑)、夕方フラッと来て夕食を食べて帰ったり、「朝食を食べさせて」と出勤前に立ち寄ったり……。週末には、のべ20~30人やってくることも珍しくありませんでした。

毎日楽しくてたまらなかったのですが、当然、エンゲル係数は150%超え! 実家から、たびたびお米や食料品を送ってもらったものです。そんな状況ですから、その頃のおもてなし料理は「カサ増しできること」も重要な条件。大量の野菜を加えて、100gのお肉を10人分のおかずに変身させたこともあります。

長女が生まれるまでの数年間、こんな生活を続けていたため、私にとっての「おもてなし」は、普段の生活の延長のようなもの。海外での生活が始まり、あらたまったお付き合いをする機会が増えてからも、あまり気張らず、気楽に楽しむことができたような気がします。

もちろん、相手に合わせて部屋をきれいにしつらえたり、手のかかる料理を作ったりもします。でもそれは、あくまでおもてなしをよりよいものにするためのプラスアルファ。訪ねてくれた方が私たちと一緒に過ごす時間を楽しみ、くつろいでくださるのなら、「肉がほんの少ししか入っていない野菜炒め」だって立派なおもてなし料理だと思うのです。

出会って間もない方でも、一度お茶や食事をご一緒すると、一気に距離が縮まります。とくに「自分のテリトリー」である自宅にお招きすると、自然にリラックスできるし、自分のこともよく知っていただけるような気がします。

部屋が立派でなくても、素晴らしいごちそうが作れなくても大丈夫。訪ねてくれる方のことを思う気持ちと自分らしいアイデアさえあれば、いつでもどこでも素敵なおもてなしをすることができますよ。

小さな部屋でもおもてなしはできる

狭いから自宅に人を招くのは無理、なんてあきらめないでください。私が結婚直後に住んだ家は築50年のおんぼろ官舎の一室で、バス、トイレなども含めて、たしか34平米ほど。お世辞にも広いとはいえません。でも週末は、そこに20人、30人の人がいることが珍しくありませんでした。

もちろん、人数分の椅子なんてないので、車座（輪）になって座り、テーブルは隅に寄せてきれいな布をかけ、料理を並べました。部屋に入りきれない人はベランダに出てもらったり、着物を収納している行李《こうり》（竹などを編んだ箱）を並べ、クッションを置いてソファがわりにしたり……。

お客さまと一緒に楽しもうと思えば、おもてなしのアイデアは浮かんでくるもの。生活スタイルに合わせて、楽しみながら工夫してみてください。ただし、行李をソファにすることは、あまりおすすめできません。大柄な方が座ったとき、割れてしまってたいへんだったからです。

見せたくないものは隠せばいい！

コンパクトな部屋の悩みのひとつが、生活感漂う日用品など「見せたくないもの」をしまっておく場所がないことではないでしょうか。そんなときにおすすめなのが、「布で隠す作戦」です。

たとえばベッドは、カバーで覆ってクッションでも置けば、ソファがわりになります。私がよくやっていたのは、棚を丸ごと覆ってしまうこと。壁際に棚を置き、見せたくないものはすべてその上へ。そして、梁《はり》から布を垂らして、棚全体を隠してしまうのです。私はタッカー（木工用のステープラーのような道具）で布を固定していましたが、薄手の布なら画びょうでも十分です。

お気に入りの布を使うと、部屋の雰囲気もちょっとおしゃれにかわります。注意したいのは、隠した棚をこまめに整頓すること。棚を上手に隠せると、何でもかんでもそこに突っ込んでしまいたくなるものです。数カ月後にのぞいたら不用品の地層ができていた！なんて恐ろしい体験をするのは……私だけで十分です。

玄関はその家の印象を左右する

玄関は、家の「顔」になる部分。お客さまに与える第一印象が、家全体やそこに住む人のイメージにもつながります。基本は、きちんと掃除&整頓しておくこと。家族の靴なども出しっぱなしにせず、下駄箱に入れておきましょう。

目につきやすいところに、お気に入りのものを飾っておくのもおすすめです。インテリアのアクセントになるだけでなく、その後の話題にもなるからです。私はオーストラリアで買った木彫りのウォンバットを飾っていますが、「この動物は何?」「かわいいわね」といったお客さまのひと言が、おしゃべりのきっかけにもなっています。

家のにおいケアも忘れずに

お客さまをお迎えする前に必ずしておきたいのが、におい対策です。よそのお宅のにおいは、意外に気になるもの。その家で暮らす家族はいやなにおいを感じていなくても、おもてなしの際のにおいケアは必須です。

まずは窓やドアを開け、しっかり換気をします。においの発生源になりやすい下駄箱には、防臭剤を入れておきましょう。

私は、お客さまが到着する少し前に、自分の好きな香水を玄関でシュッとひと吹き。居間のカーテンにも、同じ香水を少しだけつけておくこともあります。

水まわりは、光るものを光らせて

洗面所とトイレは、特に念入りに掃除しておきたいところです。何よりも清潔感が大切なので、床もしっかり拭き掃除を。できれば天井も、掃除用ワイパーなどで拭いてみてください。意外にホコリがたまっているものです。

そして、鏡や水栓は必ずピカピカに！　窓がある場合は、窓もきれいに拭いておきましょう。「光るものを光らせておく」ことには、部屋全体を清潔に見せる効果があるからです。

洗面所には小さなタオルを多めに

洗面所には、ハンドタオルをかごなどに入れ、多めに用意しておくのがおすすめです。衛生面を考えると、タオルの共用は避けたほうが安心。私は、使用ずみのタオルを入れるかごも用意しておき、毎回新しいものを使っていただくようにしています。

トイレ掃除の仕上げに香りをプラス

トイレは掃除した後、香りで仕上げます。専用の芳香剤などもありますが、私は自分の好きな香水や精油を使っています。アロマストーンなどにしみこませておくと、ほどよい香りが持続します。

スイスでは暮らしの中にハーブが根づいており、バスルームにもさりげなくハーブの香りが漂っていることがありました。ゲストのためのハンドタオルの間にハーブが1枝はさんである……などというおしゃれな演出も。私も、いつかまねしてみようと思っています。

お花で伝える「welcome」

お客さまをお迎えするときは、ぜひ室内にお花を。自然のエネルギーを感じさせてくれる植物は、室内に心地よさをもたらしてくれるからです。

自宅に飾るお花は、豪華なものである必要はありません。私の場合は、お花屋さんで数百円の小さな花束を買い、外で摘んだ季節の野の花やグリーンを組み合わせて飾っています。玄関やリビングに好みのお花を1輪、洗面所にグリーンを1枝……。お花を少しあしらうだけで、「ようこそ、いらっしゃいました」という歓迎の気持ちが伝わると思います。

最近は、とても質のよいアートフラワーなども手に入ります。見た目は生花とほとんどかわりませんが、おもてなしの場には、やはり生花がふさわしいような気がします。お客さまのことを思いながらお花を生けるひと手間があってこそ、くつろげる雰囲気が生まれるのではないでしょうか。

「最初に見えるもの」で部屋の雰囲気づくりを

お客さまをお通しする部屋は、居心地のよさを演出したいもの。雰囲気づくりに役立つテクニックのひとつが、動線と目線を考えてものを配置することです。

ドアを開けて部屋に通されたとき、いきなりキョロキョロしたり、天井や床を観察したりする人はまずいません。入口の正面に顔を向けているはずです。それを意識して、「お客さまが最初に見る」ところを素敵にしつらえておくのです。

壁に絵や写真をかけてもいいし、お花や小物を飾ってもいい。部屋に入る瞬間にきれいなものやかわいいものが目に入ると、その部屋が心地よく感じられるようになります。

お客さま目線で全体をチェック

おもてなしの準備が整ったら、最終チェックは「お客さま目線」で行いましょう。同じ部屋でも、訪ねる側と迎える側では、見え方が違うものだからです。できればいったん外に出て、玄関に入るところから、お客さまになったつもりで動いてみます。インターフォンのボタンに、土ぼこりがついていませんか？ 洗面所のタオルの置き場所がわかりにくくありませんか？ 立場をかえて確認することで、初めて気づくこともあるはずです。

また、お客さまの中に自分より背の高い方がいらっしゃる場合、少し高い目線から確認してみることも大切です。背伸びしてみたら、棚の上にホコリが積もっているのが見えた！なんてこともあるかもしれませんよ。

季節やテーマを意識した空間づくりを楽しむ

おもてなしの準備をする際は、季節を意識してみましょう。玄関に飾る小物を、夏なら涼しげなガラス細工、冬なら雪だるまモチーフにする、なんてひと手間だけでも雰囲気がかわります。

おもてなしが好きな私は、自分の中でおもてなしの「テーマ」を決めることもあります。たとえば、あるときのテーマは「モロッコ」。料理やテーブルコーディネートはもちろん、花や小物も自分がイメージするモロッコ風に。洗面所に置くハンドタオルも、手持ちの中から、できるだけそれらしいものを選びました。お客さまに喜んでいただけるかな?とワクワクしながら工夫すると、おもてなしの準備がより楽しいものになるのです。

おそろいの食器がなくても、おもてなしはできる

おそろいの食器やグラスが2セットしかないから、友だちをたくさん呼ぶのは無理……なんてあきらめてしまうのは、とてももったいないことです。おもてなしだからといって、おそろいの食器やグラスをきれいに並べて……というフォーマルなスタイルにこだわる必要はありません。おもてなしの形は、ひとつではないのです。

おそろいの食器なんてなくても、アイデア次第で素敵なテーブルはつくれます。

食器のデザインが全部違っていても、それぞれの方のイメージに合ったものを使っていただく、と考えれば、かえっておしゃれ。形やサイズがバラバラのグラスも、「あなたはお酒が好きだから、大きなグラスで」「クランベリージュースは、ワイングラスで赤ワイン風に」なんてひと言を添えれば、楽しく使えるでしょう。

テーブルにお花を少し飾ったり、キャンドルを灯したりするひと手間だけでも、おもてなしの気持ちは伝わります。今あるものを上手に生かして、自分らしいおもてなしを楽しんでみましょう。

自分のセンスを生かしたもの選びが大切

自分らしいおもてなしをするためには、日ごろの「もの選び」がポイントになります。大切なことは、「自分が本当に好きなもの」だけを選ぶことです。

たとえば私の場合、これまで様々な国でお気に入りの食器を集めてきました。デザインや色はバラバラなのですが、なぜか相性がよく、一緒にテーブルに並んでも違和感なくなじむことが多いのです。

数をそろえることなどを優先して適当に選んだものでは、そうはいきません。「自分が気に入ったもの」という共通点があるからこそ、統一感が得られるのだと思います。

また、思い入れのあるアイテムには、語りたいエピソードもあるもの。いつどこで買ったか、どこが気に入っているのか……。気軽にできるこんなおしゃべりは、お客さまとの会話を盛り上げるよいきっかけにもなります。

ベーシックな白い食器は万能

食器を買いかえたり、ある程度まとめて買い足したりする機会があるのなら、少し大きめのシンプルな白いプレートを数枚そろえておくと便利です。白い器はどんな料理を盛りつけても映えるし、手持ちの個性的な食器と組み合わせても違和感がありません。

私は結婚するときに買ったヨーロッパのブランドの白いディナープレートを愛用しています。流行りすたりのないブランドの食器は、割ってしまったり枚数が必要になったときにいつでも買い足すことができて、とても便利です。
少しフォーマルな雰囲気を出したいときは、ひと回り小さいお皿を重ねて。上にのせる食器のデザインがバラバラでも、下に置いたお皿（アンダープレート）が白で統一されていれば、まとまりのあるテーブルになりますよ。

ナプキンでテーブルに統一感を

「おもてなし用」に用意しておくことをおすすめしたいもののひとつが布製のテーブルナプキン。私は、洗うほど質感がよくなる麻のものを何色も揃えて愛用しています。

並べてある食器やグラスがバラバラでも、お客さまの前におそろいのナプキンを置けば統一感が生まれます。色や柄も豊富なので、季節感やテーマの演出にも役立ちます。洗って繰り返し使えるうえ、収納のための場所もとらないので、「おもてなし用アイテム」として備えておいてもよいのではないでしょうか。

お花はテーブルコーディネートの一部

たとえ1杯のコーヒーでも、お花が飾られたテーブルでいただくとおいしさがアップすると思いませんか？　食卓のお花は、お客さまにゆったりした気持ちで食事やお茶を楽しんでいただくための大切な小道具です。

お花の選び方や飾り方に決まりはありませんが、季節のお花を選び、料理の味わいを損ねないよう、香りが強いお花は避けましょう。花粉が落ちやすいものは、前もっておしべの先を切り取っておくなどの心配りもできるといいですね。

テーブルのお花は、大きすぎると料理を並べにくくなったり、視線を遮ったりしてしまうので、サイズは小さめに。また、お客さま全員に楽しんでいただけるよう、どの角度からもきれいに見えるように生けることも大切なポイントです。

普段づかいのグラスを花器として使っても素敵。お花の中の1色をテーブルクロスや食器の色とリンクさせる……なんてひと工夫をすると、テーブル全体に統一感も生まれます。

「おもてなし」の主役は料理ではありません

完璧なおもてなしをしよう！と頑張りすぎてしまうと、ホスト自身が楽しめなくなってしまうことがあります。前日から家中の掃除をして料理の仕込みをし、当日は朝からキッチンに立ちっぱなし。お客さまを迎えてからも、次の料理の準備で忙しくしている……。これでは、おしゃべりに加わることもできません。

自宅でのおもてなしは、レストランでの会食とは違います。集まる目的は、食事ではなく親しくなること。豪華な料理を出すより、お客さまと一緒にくつろいでおしゃべりすることのほうが大切です。料理はおもてなしの主役ではなく、おしゃべりを盛り上げるための小道具なのです。

料理は一点豪華主義で

準備の時間があまりないときのおもてなしの献立は、「一点豪華主義」で十分です。手をかけるのは、メインの一品だけ。それも、できたてを召し上がっていただくような料理ではなく、前もって仕込んでおけるものがよいと思います。たとえばビーフシチューなら、出す直前に温めるだけ。グラタンなら、オーブンに入れてタイマーをかけるだけなので、ホストがキッチンにこもりっきり……なんて残念なことになるのを避けられます。

温かいメイン以外のものは、最初からテーブルに並べてしまいましょう。品数は少なくてよいと思います。デザートも、手を加えずにそのまま出せるものがおすすめです。

このスタイルなら、ホストの仕事はメインとデザートを運び、空いたお皿を下げるだけ。忙しく動き回らなくてすむので、お客さまと一緒に、ゆったりと食事やおしゃべりを楽しめます。

ゲストを喜ばせるのは心がこもった料理

メインの料理は一点豪華主義……とは言っても、実際に豪華である必要はありません。大切なのはでき栄えではなく、心を込めて作ることだと思うのです。

スイスで知り合ったアメリカ人の友人は、とてもおもてなしが上手でした。いろいろなものをごちそうになりましたが、とくに印象に残っているのは、サーモンのサンドイッチ。決して特別なものではなく、パンにスモークサーモンを挟んだだけの簡単なものです。

レシピそのものはシンプルなのですが、彼女が作るものは特別！　パンには角まできっちりバターが塗ってあるなど、気配りがとても細やかなのです。ひと口食べただけで温かい気持ちになったのは、「おいしく召し上がってほしい」という思いが伝わってきたからでしょう。

おもてなしで大切なのは「何を出すか」より、「どう作るか」。作り手のやさしさや思いやりが、何よりもゲストを喜ばせるのです。

盛りつけのポイントは彩りと余白

同じ料理でも、盛りつけ方によって見栄えが大きくかわります。きれいに、おいしそうに見せるためには、2つのポイントを知っておくと役立ちます。

1つめが、彩り。緑の葉ものだけのサラダもきれいですが、たとえばトマトやパプリカなどで赤を少し加えると、ぐっと華やかに。茶色くなりがちな和風の煮ものも、緑の木の芽をあしらうだけで「ごちそう感」がアップします。鮮やかな色を上手に使い、お皿の上でコントラストをつけることを意識してみましょう。

2つめが、余白。ビュッフェで料理を取り分けるときにも言えることですが、お皿の上を食べもので埋めつくしてしまうと、あまり美しく見えません。「作った分は、全部盛りつけちゃおう」なんて、ドサッと入れるのはちょっと待って！お皿全体のバランスを見ながら、ほどよい量を盛りつけましょう。

彩りと余白を意識すれば、料理は意外に食器を選ばないもの。和食は和食器に、などと決めつけず、自由な組み合わせを楽しんでみてください。

お惣菜は盛りつけのセンスで勝負

おもてなしの際、時間がないときは市販のお惣菜を利用するのもよい方法だと思います。お惣菜の場合、テイクアウト用の容器にはコンパクトさ重視で詰められているもの。テーブルに出す際、いかに上手に盛りつけなおすかが勝負です。きれいに見せるポイントや盛りつけ方のコツを押さえるのはもちろん、ちょっとしたあしらいを加えるひと手間で、さらに料理が引き立つこともあります。白身魚のカルパッチョにピンクペッパーをパラリとふったり、キャロットラペに刻んだパセリをちらしたり。彩りや香りのよいハーブやスパイス類を用意しておくと、お惣菜をワンランクアップさせるのに便利です。

「薄いもの」はふんわりと盛る

スモークサーモンやハムなどは、おもてなしのテーブルで活躍してくれる食材です。ただし手を加えずにいただける分、盛りつけでひと工夫する必要があります。きれいに見せるコツは、「1枚ずつ」「ふんわりと」盛りつけること。パッケージから取り出したままの状態でお皿に移したのでは、ペッタリして、ややさびしい印象になってしまいます。

まずは菜箸などで1枚ずつていねいにはがし、空気を入れながらそっとたたむようなイメージでお皿に並べていきましょう。ふわっとさせると美しいだけでなく、食感もよくなって、よりおいしくいただけるような気がします。グリーンの葉ものやハーブと一緒に盛りつけたり、香りや彩りを加えるスパイスを添えたりするとさらにきれいです。

煮ものなどは高く盛る

煮ものや和えものなどは、「高く盛る」のが基本です。大皿に盛る場合も、器に余白をつくることを意識しましょう。大きなお玉ですくって盛ると、ベタッとたいらになってしまいがち。ひと手間かけて、菜箸やトングなどを使って高く形よく盛りつけてみてください。いつものポテトサラダや肉じゃがだって、きれいに盛りつければ、おもてなしにふさわしい一品になりますよ。

おもてなし初心者にはアペロがおすすめ

人を招いて食事を出すのはちょっとたいへん、と思うなら、まずは手軽なおもてなしから始めてみましょう。おすすめは、夕食前の軽いお酒（アペリティフ）を楽しむ「アペロ」です。

アペロなら、用意するのは軽いお酒とちょっとしたおつまみだけ。食事の前にいただくものなので、手の込んだ料理は不要。おつまみはナッツやチーズなどで十分です。

料理に手をかけない分、インテリアやおつまみの盛りつけなど、おしゃれな演出に気を配ることも可能です。もちろん料理が好きなら、ひと手間加えたおつまみを用意しておいても喜ばれるでしょう。手作り派の方のために、次ページで、アペロ向きの簡単なおつまみをいくつかご紹介します。

アペロにおすすめ！　簡単ディップ3種

水きりヨーグルトをベースに、好みの食材を混ぜるだけ。
スティック野菜やクラッカーに添えてどうぞ

水きりヨーグルト

キッチンペーパーを敷いたザルや、フィルターをセットしたコーヒードリッパーにプレーンヨーグルトを入れ、冷蔵庫で数時間おく

❶アンチョビディップ

水きりヨーグルト
アンチョビ(みじん切り)
レモン果汁

❷サーディンディップ

水きりヨーグルト
オイルサーディン(みじん切り)
にんにく(すりおろし)
レモン果汁

❸レモンハーブディップ

水きりヨーグルト
パセリ、ディル(みじん切り)
にんにく(すりおろし)
レモン果汁

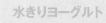

器に入れるだけで完成の
カラフルなおつまみです

コロコロカプレーゼ

ひとくちサイズのモッツァレラチーズと湯むきしたミニトマト、バジルの葉を器に入れる。オリーブオイルと塩をかけて混ぜる

ちょっとひと手間かけたいときにおすすめです

スタッフドマッシュルーム

マッシュルームの軸、アンチョビ、パセリ、にんにくをみじん切りにする。パン粉を合わせてマッシュルームのかさにつめる。オリーブオイルをかけて焼き色がつくまでオーブントースターで焼く

おもてなしに必要なのはお互いへの思いやり

お客さまを迎える準備をしていると、掃除や料理のことで頭がいっぱいになってしまうことがあります。でも、おもてなしに必要なのは、素敵な部屋や豪華な料理ではありません。お客さまとの時間を楽しみたい、という気持ちです。

あれもこれもしなくちゃ、とイライラしていては、お客さまとよい時間を過ごせません。だから、掃除が苦手なら、見せたくないものを布で覆ってしまえばいい。料理が苦手なら、お惣菜を買ってきて盛りつけなおせばいいのです。

「布でカバーする」「盛りつけなおす」というひと手間をかけるのは、お客さまに心地よく過ごしてほしい、食事をおいしく召し上がってほしい、という思いがあるからです。その気持ちこそ、「おもてなし」の本質。相手にも、間違いなく伝わるものだと思います。

おもてなしを「たいへんなこと」にしないためにも、無理は禁物。自分の生活スタイルや好みに合わせて、楽しめる範囲のことから始めてみてください。

オーストラリアではどのお宅に招かれても、食事はシンプルなバーベキューでした。素敵な居間でおしゃれなアペロをふるまわれて優雅な気分に浸っていても、30分後には庭でお肉にかぶりつくことになるのです。

でも、ワンパターンなおもてなしを不満に感じたことはありません。食事の内容は同じでも、人との触れ合いは毎回新鮮だったから。そして、どこのお宅でも歓迎され、一緒に楽しみたいという気持ちが伝わってきたからです。

マナーのベースは、思いやり。それがとてもよく表れるのが、おもてなしの場なのではないでしょうか。もてなす側はゲストに楽しんでいただくことを、招かれた側はホストと一緒によい時間を過ごすことを願っているのですから。

また、型にはまらない「自分らしいおもてなし」をするには、自信も必要です。思いきって試してみて、ゲストもそれを受け入れて楽しんでくれる。その経験は自分に対する自信を深め、人として成長することにもつながっていくはずです。

もてなす側と招かれた側がお互いを尊重し、高め合う気持ちがあるからこそ、おもてなしの場が温かいものになります。そして、そこからよりよい人間関係がつくられていくのではないかな？と、私は思うのです。

二階堂多香子

料理研究家、Takako's Kitchen主宰。聖心女子大学卒業。日本料理を市川峻子氏に師事、茶道を塩月弥栄子氏の教室で学ぶ。外務省勤務の夫の赴任に伴い、オーストラリア、ブルガリア、イラン、ニューヨーク、クウェート、スイスでの海外生活は19年におよぶ。人種、文化などの背景がさまざまに違う人たちと豊かで友好的なコミュニケーションを取るためのおもてなしが評判を呼ぶ。

あなたがもっと素《す》敵《てき》に輝《かがや》く

また会《あ》いたくなる人《ひと》のマナー

2021年10月4日　初版発行

著者　二階堂多香子《にかいどうたかこ》

発行者　青柳昌行

発行　株式会社KADOKAWA

〒102－8177　東京都千代田区富士見2－13－3

電話　0570－002－301(ナビダイヤル)

印刷所　大日本印刷株式会社

ISBN978-4-04-897116-4　C0077